ÉLOGE DU REPOS

Déjà parus dans la collection Arléa-Poche

1. Tahar Ben Jelloun, *Éloge de l'amitié*
2. Paul Morand, *Éloge du repos*

Paul Morand

ÉLOGE DU REPOS

APPRENDRE A SE REPOSER

arléa

ISBN 2-86959-288-4

Édition originale : Ernest Flammarion, 1937,
sous le titre *Apprendre à se reposer.*

NOTE DE L'ÉDITEUR

Rapidement épuisé lors de sa parution, oublié aujourd'hui par les biographes, rarement cité dans les bibliographies de Paul Morand, ce bref recueil fut publié en 1937 chez Flammarion sous le titre générique : Apprendre à se reposer. *A l'origine, c'était naturellement un texte écrit " à chaud ", quelques semaines après l'adoption, par le gouvernement de Front Populaire, des lois sur les congés payés.*

Paul Morand, quant à lui, se trouvait en " vacances " depuis onze années puisqu'il s'était mis en congé du quai d'Orsay en 1926, peu avant son mariage avec la riche princesse Soutzo. Onze années consacrées aux voyages (Amériques du Nord et du Sud, Antilles, Arabie, etc.) et à l'écriture. Il s'apprêtait à renouer avec la carrière diplomatique et à devenir (1938) délégué de la France au Danube, puis chef de la Mission française de guerre économique à Londres.

ÉLOGE DU REPOS

Écrit par une manière de " professionnel " du loisir et de la fantaisie vagabonde, cet éloge – nuancé – du repos garde une fraîcheur acide qui lui vaut de survivre aux circonstances particulières qui l'avaient suscité. Paul Morand considère l'accession des foules aux délices des vacances avec une circonspection amicale mais un peu inquiète. Sur ce terrain, lui au moins peut se prévaloir 0– non sans humour – d'une certaine expérience. Comment vont s'en sortir ces nouveaux venus que l'Histoire jette brusquement sur les plages ? Le repos, après tout, n'est pas si simple à pratiquer ; les vacances et le voyage s'apprennent comme le reste... Faute de cette pédagogie minimale, le temps gagné ne risque-t-il pas de s'engloutir dans de vaines agitations, le voyage de se ramener à une course harassante et vaine ? L'expression tour operator *n'est pas encore inventée mais Morand en pressent déjà le futur triomphe.*

En clair, cet art du repos dont Morand fait l'éloge n'est pas seulement affaire de lois et de congés payés. Son petit texte, de ce point de vue-là demeure un guide précieux.

arléa

L'art des loisirs

Il suffit de regarder nos rues ou nos routes un samedi de ce temps pour constater que les lois nouvelles ont bouleversé la vie nationale. Les jeunes s'y sont adaptés sur l'heure : ils partent, ils courent, ils bondissent et c'est plaisir de les voir prendre d'assaut les gares, enfourcher des motos qui s'arrachent du pavé, sauter dans les trains en marche, sans autre bagage que leur élan vital. Les hommes mûrs, eux, gênés par cette retraite prématurée, tard levés, ramassent un à un leurs membres ankylosés par une inaction neuve et s'essayent pesamment à la flânerie. Quant aux vieux, je les vois tout démantibulés ; on les dirait condamnés au désœuvrement à coups de sirène. Surpris par cette musarderie légale, ils restent au coin des rues, sur la place, éberlués par ces grands jours vides qui n'en finissent pas ; enfin, s'ennuyant trop, ils se réfugient dans leur vigne ou courent à leur potager, loin du traître repos, « cette bonace plus dangereuse que les écueils ».

Il existe une technique du congé, mais nul ne nous l'a enseignée ; nous avons appris de nos parents à mesurer ce que l'oisiveté nous fait perdre, non ce qu'elle nous fait gagner. Aujourd'hui, il nous faut réapprendre le relâchement. C'est un métier comme un autre ; c'est aussi une vocation.

Il y a des gens merveilleusement doués pour ne rien faire : les Africains, par exemple ; véritables flâneurs honoraires, ils savent comme les enfants tout ce que rapporte le temps perdu. D'autres ne se feront jamais à la paresse ; pour eux, elle est synonyme de découragement et de neurasthénie : ce sont les nerveux à tempérament lymphatique que l'apathie guette dès qu'ils se détendent, comme une espèce de mort. D'autres enfin, les anxieux, s'agitent, se démènent dans leurs soucis, s'y vautrent comme dans un vice dont rien ne les divertit. La plupart des hommes restent inertes devant le trou noir des vacances. « Ce baume secret de l'âme qui suspend soudainement les plus ardentes poursuites, cette béatitude qui nous console de toutes nos pertes et qui nous tient lieu de tous les biens », cette paresse vantée par La Rochefoucauld, leurs mains inexpérimentées la tournent et la retournent en tous sens ; bientôt elle pèse à leurs bras humbles et ils la posent à terre avec un soupir, soulagés.

La morte-saison, « la morte », comme disent les couturières, il faut qu'elle cesse d'être le fléau par excellence et qu'elle prenne figure de bienfait. Mais que fera de ses vacances un peuple qui n'aime pas avec passion la nature ? Déjà le week-end, ce sabbat accolé au dimanche chrétien, est bien long pour une nation qui a le labeur dans le sang et qui, quand elle en est privée, le remplace par le bricolage. L'oisiveté exige tout autant de vertus que le travail : il y faut la culture de l'esprit, de l'âme et des yeux, le goût de la méditation et du rêve, la sérénité, toutes valeurs bien rares aujourd'hui : ce ne serait pas les acquérir que d'employer ses dimanches à se créer de nouveaux besoins, des soucis inédits, ajouter au mouvement d'une vie déjà trop mouvementée ; au contraire, ce serait tomber dans un épuisement dont les jours ouvrables et le travail mesuré au cordeau ne suffiraient pas à nous guérir.

Les classes ouvrières, dont le gouvernement

vient avec équité d'allonger les loisirs, encore imprégnées d'esprit bourgeois, vont sans doute nous interroger pour apprendre de nous le secret d'un heureux délassement. Hélas ! oserons-nous nous proposer en exemple ? Les classes bourgeoises se sont compliqué la vie au point qu'il n'est plus de détente pour elles : elles n'observent plus la trêve du Seigneur ni l'ordre divin de dormir la nuit ; les plus riches perdent la santé dans le désœuvrement, la fantaisie dans le plaisir et ils vivent à contresens, sans même avoir l'excuse du besoin ; ils ont remplacé le besoin par les besoins.

Ainsi, par une diabolique ironie, le repos vient aux hommes quand ils ne savent plus ou quand ils ne savent pas encore quoi en faire ; quand sonne l'heure du congé les douces vertus nécessaires pour l'affronter leur manquent. Le travail cessant, il va falloir que nous apprenions maintenant à nous reposer.

I

La paix dans les esprits

Cette grande nation trouve-t-elle en elle l'atmosphère qui lui est indispensable pour jouir du loisir ? Nous avons perdu le sens de la joie, de la gaieté, de la force allègre que nos voisins retrouvent.

... Et pourquoi pas la France ? m'écrit un des nombreux Français qui ont passé le détroit pour aller assister aux fêtes royales. Pourquoi cet esprit de joie, chez un peuple à qui, depuis Charles II jusque sous les George, nous dûmes enseigner l'art de s'amuser, et qui venait à Paris et à Versailles prendre sa leçon de plaisir ? Pourquoi ces Anglais, dont se moque notre XVIIIe, avec leurs lourdes distractions, leurs suicides, leurs combats de coqs, leurs repas écrasants et leur bière poisseuse comme le brouillard, sont-ils devenus nos maîtres à danser et détiennent-ils maintenant, non plus seulement la maîtrise de la mer, mais celle du divertissement ?

Si la nation britannique tout entière est heureuse, c'est qu'elle l'est pour des motifs profonds : chaque Anglais aime et respecte la famille royale comme la sienne propre et se réjouit de son bonheur. Pour se divertir en commun, il faut y être déterminé par des raisons intérieures : décider dans l'abstrait qu'on donnera des fêtes, c'est un point de vue de comité d'initiative, une invention de ville d'eaux, c'est de la propagande touristique, c'est une intention politique, c'est tout ce qu'on voudra, mais ça n'est pas pour cela qu'un individu, et à plus forte raison un peuple, s'amuse : il lui faut d'abord cet excès d'activité inutile, cette dilatation gratuite de l'être qu'est la joie. J'aime cette réponse de Boni de Castellane aux édiles parisiens à qui il venait demander l'autorisation de tirer quelque feu d'artifice dans le Bois, et qui l'interrogeaient :

– Pourquoi donnez-vous une fête ?

– Mais... pour mon plaisir ! répliqua Boni, à la stupéfaction des conseillers municipaux.

Le subconscient besoin d'aimer qu'a tout être ne trouvant pas à se polariser, le Français individualiste s'aigrit et s'enferme en lui-même dans un désert d'idées générales : des années d'athéisme lui ont fait perdre peu à peu le sens profond, mystique des fêtes saintes ; son horreur du ridicule, sa *self-consciousness,* son complexe d'infériorité empêchent un électeur de s'amuser les jours de scrutin ; la société s'écarte comme la peste des bals de préfecture et des fêtes liturgiques républicaines ; la fête nationale, que notre enfance a connue si joyeuse, si populaire, n'est plus qu'un morne compliment officiel ; le chômage quotidien a enlevé aux jours fériés leur caractère d'éclatante exception ; bref, comme nous n'aimons rien ni personne, nous ne savons que faire de nos élans : ironsnous saluer M. Lebrun à son anniversaire et célébrer le jubilé du président du Sénat ? Nous n'avons ni ce sens religieux de la détente qu'on sent planer sur toute l'Angleterre à Christmas, ni le sens dionysiaque collectif qui fait des carnavals rhénans, bavarois, louisianais ou brésiliens, des bacchanales blondes ou brunes. Nous sommes un peuple chagrin, un peuple en noir, un peuple misanthrope et pessimiste.

Pourquoi sommes-nous maintenant un

peuple chagrin ? Un célèbre écuyer avait coutume de dire à ses élèves : « Il y a deux sortes de cavaliers, les pommes cuites et les pommes crues ; mettez une pomme cuite en selle : aux premiers mouvements du cheval, elle s'aplatit ; plus les réactions sont vives, mieux elle adhère pour ne pas tomber ; une pomme crue, au contraire, rebondit comme la balle sur la raquette et s'en va rouler au fond du manège ; le bon cavalier, le cavalier pomme-cuite, descendra dans sa selle au premier trot et au premier galop multipliera les points de contact avec le cuir ; le cavalier pomme-crue tendra les muscles, creusera le rein, accusera les effets de chaque cabriole sans en absorber aucune et ne tardera pas à mordre la poussière. »

Cela est vrai aussi en politique. Il y a les nations qui boivent l'obstacle et avalent les secousses et il y a celles qui ne réussissent pas à les résorber. L'Allemagne, l'Amérique sont d'excellents cavaliers : plus la monture est difficile et plus elles témoignent de souplesse et d'allant ; quant à l'Angleterre, elle est en selle depuis tant de siècles qu'elle s'y endort, parfois impunément ; la France, au contraire, se contracte, vibre, accuse le coup, subit l'ébranlement depuis le petit doigt jusqu'à la racine des cheveux ; les réactions de sa main sont tardives. Cela vient de ce que notre pays *pense* d'abord les événements au lieu de les sentir ; de même, presque tous nos écrivains *pensent* le vent, la nature, la joie, la terreur, avant de les éprouver ; aussi la traduction d'un livre anglais en français est-elle toujours une trahison : quand un Anglais et un Français écrivent, ce ne sont pas les mêmes parties du corps qui travaillent ; c'est pourquoi les fleurs françaises sont des fleurs de rhétorique, c'est pourquoi les fantômes français ne font pas peur, c'est pourquoi la pluie française ne mouille pas : nos intempéries sont humaines, trop humaines, sociales même ; nos tempêtes ressemblent à des révolutions du vent et nos sécheresses à des grèves de l'eau, nos animaux parlent pour faire la morale et nos jardins zoologiques sont des récréations de fabulistes. Notre football consiste, non à placer un ballon, mais à crier : « Les Soviets partout ! » et la piste de Buffalo, non à pédaler, mais à préparer le Grand Soir.

On m'objectera que l'homme qui pense voit mieux et plus loin que l'homme qui sent. C'est un débat d'école. Ce qui n'est pas discutable, c'est que derrière l'homme qui sent, il y a l'homme qui devine ; le cérébral n'est pas doué pour deviner ; au jeu du hasard, il perd à tous les coups ; la vie élémentaire de l'homme, la vie cachée des choses, il l'exècre, elle le laisse sans voix.

A force de mettre toujours son cerveau en avant et de lui faire supporter tous les chocs, le Français est devenu un grand nerveux, un inquiet : j'ai déjà dit ailleurs que sa célèbre avarice provient de ce qu'il n'a pas confiance en ses réflexes ; il craint de ne pouvoir s'adapter au lendemain parce qu'en effet il a l'adaptation lente ; de là sa peur de l'avenir qui n'est qu'un excès de doute en face de tout devenir ; sa politique de sécurité lui fait le plus grand tort dans le monde entier et lui a valu le dédain des peuples vigoureux.

Ce durcissement anxieux de la nation se retrouve chez les individus ; elle est à la base de la lutte des classes : au lieu de s'ouvrir au passage du fluide qui unit tous les vivants et à plus forte raison tous les hommes d'un même pays, les Français se sont jalousement fermés les uns aux autres et haineusement détournés de leur voisin ; il ne se passe pas de mois que toute la presse française, et derrière elle tout le pays, ne voue à l'exécration l'une ou l'autre des nations de l'univers. C'est ainsi que nous fabriquons sans cesse ces toxines tantôt nationales et tantôt sociales qui nous rendent malheureux, donc méchants, méchants parce qu'inflexibles.

Le Français souffre, car il se raidit et il se raidit parce qu'il refuse de laisser aller les choses ; il croit que ce qui arrive depuis quelques milliards d'années a été inventé spécialement pour le contrarier ; et dans ce monde hostile, il entend chevaucher seul l'événement ; c'est un cavalier qui récuse tout contact avec sa monture et qui ne veut pas se poser sur le sol par l'entremise de ce socle vivant ; au lieu de s'asseoir, il se redresse, s'érige, réclame, raisonne ; il ne sait pas se mettre en boule, il ne sait pas se mouvoir selon des lignes courbes, il ne sait que marcher droit et il en est fier. Ayant rompu ses liens avec Dieu, il se répète que l'homme est son propre piédestal et qu'il doit s'y tenir rigidement, sans faiblesses. Il veut une vie perpendiculaire et un avenir fixe. Son rêve est un rêve de pierre, mais autour de lui tout bouge ; l'obstacle accourt, le Français le voit approcher ; de toute sa solidité de pomme crue il s'élève pour mieux le penser ; le résultat n'est pas douteux : une fois de plus il se recevra héroïquement sur la tête.

Ce durcissement qui vient de ses craintes, est-ce qu'il n'abîme pas la qualité spirituelle de notre peuple ?

Le repos, ce n'est pas la fuite des difficultés, c'est une détente après l'effort. Se reposer, ce n'est pas s'avilir ni fuir la vie.

Au lendemain de l'armistice, les carrières de tout repos furent désertées car elles paraissaient fades, sans profits comme sans naufrages ; l'administration semblait une prison aux amateurs de périls, de plaies et bosses financières, de toboggans boursiers. Les mœurs de cette décade reflétèrent un goût violent de l'aventure dont la littérature est aujourd'hui le dernier témoin, les films ayant la vie courte... moins courte cependant que celle des grands audacieux de cette époque révolue, les Galmot, les Lœwenstein, les Kreuger, précurseurs des banquiers qui se jettent du haut de leur gratte-ciel.

A présent nous voici entrés dans la crise

comme les hommes entrent à l'hôpital, en prenant conscience de notre fragilité. Notre idéal s'est simplifié ; il tient en deux mots : couper au danger. Toutes les convoitises s'orientent vers les carrières abritées, celles où, quoi qu'il arrive, quoi qu'il fasse, l'homme des bureaux est assuré contre l'avenir (les primes d'assurance étant, d'ailleurs, payées par d'autres que par lui : par les producteurs). Aussi, le nombre de ces producteurs qui consentent encore à risquer et à payer diminue-t-il, tandis que s'accroît la masse de ceux qui entendent toucher sans risquer. Le décret Chéron qui posait des limites à la ruée des aspirants mandarins, suscita la réprobation des candidats ou de leurs familles et fut tourné de toutes parts ; on prétend maintenir entrebâillée la porte de l'Eden où fleurissent les fins de mois impavides et les réconfortantes retraites. Résistera-t-on à la poussée de tous ceux qui, économes de leur vitalité, ne voudront jamais, en aucun cas, *parier* leur vie ?

Aujourd'hui, les hommes se souviennent que, étymologiquement, risque signifie *écueil*, et rien de plus. Et cela ne les tente pas. Ils rêveraient plutôt la destinée calme d'un objet garanti contre toutes les avaries. Ces gens prudents tiennent en mépris l'après-guerre ; son romantisme leur est suspect. Ils ne diront pas que, dans chaque aventure, il y a un élément de doute ; ils diront que dans chaque aventure il y a quelque chose de douteux. Les enquêtes menées par les journaux auprès de la jeunesse sont assez concluantes : le goût du danger a fait place au besoin de stabilité, l'esprit d'entreprise au souci de la sécurité, l'affairisme au fonctionnarisme.

Le capitaliste lui-même se réfugie sous l'aile de l'État et perd ainsi non seulement sa raison d'être, mais son droit de regarder le prolétariat dans les yeux ; il accepte les profits et refuse les pertes ; il appelle sans cesse le gouvernement à son secours, lui réclame des tarifs protecteurs, des subventions, voire des renflouements ; en un mot, des garanties contre le danger. La spéculation elle-même aspire à être dirigée : « Pour la première fois, s'écrie un banquier de New-York avec satisfaction, pour la première fois nous avons un marché à la hausse garanti par le gouvernement ! » Et la thésaurisation, de son côté, à force de prudence, étouffe la poule sous ses œufs d'or.

Avant la guerre, le monde se prenait terriblement au sérieux. Quant à la jeunesse, elle se cachait, elle n'était pas personne morale, elle n'avait droit à rien ; elle n'est entrée en scène qu'en août 1914... mais alors avec elle tout a changé : l'après-guerre a vécu sous son signe. C'était très bien ; malheureusement, nous avons vite dépassé ce stade ; aujourd'hui nous vivons sous le despotisme de l'enfance et c'est moins bien.

Revenue des combats, la jeunesse avait couru avec une fiévreuse gaieté vers les lieux embellis par ses souvenirs ; à son exemple, les foules aimèrent le cirque, le rugby (cette partie de barres et de ballon), le cinéma (cette lanterne magique), les dessins animés (ce guignol), le roman policier (ce jeu du voleur et du gendarme). La mode, dont on croit qu'elle invente, tandis qu'elle ne fait que s'adapter puis surenchérir, mit l'accent, avec exagération, sur ces mœurs nouvelles ; les jupes s'arrêtèrent aux genoux, les cheveux furent coupés court, les vieux messieurs revêtirent la culotte et le col rabattu de leurs cinq ans, les grand'mères leurs robes de fillettes. On justifiait ces enfantillages en les disant bons pour l'équilibre moral. Au nom de Freud, on fit des cures de puérilité, comme on fait des cures de raisin. La santé avant tout. Des bébés de cinq ans aux octogénaires, tout le monde se mit à lancer une petite balle.

Mais la petite balle est devenue un but en soi : ce but, c'est le divertissement. Notre mot le plus courant, c'est *amusant*. Nous disons : un dessin *amusant*, une couleur, un poème *amusants*. Il nous faut un jouet neuf tous les jours et nous sommes constamment tenus en haleine par les inventeurs qui nous créent des besoins ridicules. Nous ne pensons plus qu'aux grandes vacances ; à cet égard, le point de vue d'un banquier de Wall Street ou de la Cité est exactement celui d'un écolier. C'est par l'influence anglo-saxonne que nous est surtout venu l'infantilisme.

« Les enfants n'ont ni passé ni avenir, écrit La Bruyère, ils jouissent du présent. » Et nous de même. Comme nous avons été volés et dépouillés, nous n'économisons plus en vue d'un incertain lendemain et nous avons cessé de croire à l'expérience ; nous ne croyons plus qu'à l'état d'innocence du bon sauvage, prôné par les révolutions, de l'enfant riche en instincts ; mais notre idéal, ce n'est pas l'enfant de génie, l'enfant héroïque, Pascal ou Pic de la Mirandole, ni l'enfant malheureux et sensible à la Vallès ; notre idéal, c'est l'enfant-roi, le bébé Cadum.

Comme lui, nous rions et nous crions pour un rien ; nous ne nous attachons plus qu'à la surface des choses ; nous regardons les images. Cet âge est sans pitié ! Nous sommes durs et cruels...pour les autres ; mais pour nous, douillets, la berceuse et la bouillie. Les salons sont pleins d'égards pour ces messieurs qui n'ont jamais pu se résoudre à grandir et à quitter leur mère ; et ces éternels garçonnets, ces petits incroyables donnent le ton ; ils influencent nos arts dans le sens du baroque, du mignard, de la miniature. Les réunions mondaines s'appellent des « parties », comme au croquet. Nous ne nous asseyons plus sur des chaises mais par terre. Et chez les peuples encore plus enfants que nous, chez les Américains, les marchands de sucre d'orge font fortune à tous les coins de rue. Ce n'est plus le Beau et le Bon, c'est le bobo et le bonbon. Nos peintres et nos poètes s'exercent aux tracés malhabiles, aux couleurs sans danger ; notre culte pour le primitivisme de la famille des Rousseau (de Jean-Jacques au Douanier) et pour le vagissement de l'écriture automatique a une même et profonde racine : la peur de grandir.

Nous ne voulons plus être des hommes autonomes ; nous demandons que l'État nous donne le sein ; plus que de gouvernants, nous avons besoin de gouvernantes. Quand la génération des vieux de 1900, la génération des derniers vrais anciens se sera éteinte, ne serons-nous plus que des vieillards voués à l'enfance et qui sauteront, avec une mine poupine, du berceau au cercueil ?

Un ami qui m'entend m'arrête :

– Mais avouez qu'il n'est pas commode d'être grande personne par les temps qui courent.

– Vous trouvez, sans doute, qu'ils courent trop vite pour nos vieilles jambes ?

– Je proteste ; nos jambes ne sont pas si vieilles, mais elles n'ont pas encore eu le temps de s'entraîner.

– Précisément, ce dont je me plaignais, c'est que nous fuyons les champs d'entraînement viril et leur préférons la nursery. Je vous accorde que notre vie, à base de rapidité et d'insécurité, est une épreuve ; nous avons le sentiment d'un péril constant appelant une vigilance de toutes les secondes, celle du coureur sur son bolide. Mais croyez-vous qu'un sénateur romain sous Tibère, qu'un boyard à la cour de Pierre le Grand, qu'un bourgeois de Paris en 1793 coulaient des jours plus tranquilles ? Je ne sache pas, cependant, qu'ils aient mis tous leurs soins à esquiver des responsabilités, qu'ils aient hésité à accepter des fonctions, à acquérir des biens au soleil, ou à fonder une famille ? Eux ne se réfugiaient pas dans les cliniques, le voyage ou le suicide.

– C'est que ces gens-là ne souffraient que de leurs soucis individuels, non de ceux de l'univers ; ils ne chargeaient pas chaque matin leurs épaules du poids de toute la terre, par l'entremise de la radio et des télégrammes Havas ; ils ne prenaient pas leur température deux fois par jour au thermomètre des changes et de la Bourse.

– Cœur de lièvre qui battez trop vite parce que vos rentes ont perdu quelques points !

– Vos boyards et vos sénateurs vivaient plus dangereusement, je le veux bien, mais beaucoup plus lentement que nous ; d'une émotion à l'autre, ils avaient le temps de se remettre. Tenez, je viens de lire dans un journal anglais qu'un graphologue, chargé de faire une étude statistique sur un grand nombre d'écritures prises au hasard, avait constaté que 35 % d'entre elles trahissent la neurasthénie et le désespoir ; tracés par des mains tremblantes, les caractères étaient comme malades. Presque toutes les écritures révélaient la nervosité, lettres griffonnées, tronquées, mots abrégés. Est-ce que cette confusion graphique ne vous fait pas penser au bafouillage verbal de nos contemporains, contrastant avec la diction impeccable de nos pères ? La calligraphie est morte, comme est morte cette parfaite prononciation française qui frappait si agréablement notre oreille à chacun de nos retours de voyage ; morte, et pour les mêmes raisons : c'est que, sous la pression d'une existence harcelante, notre pensée se meut si vite que les moyens d'expression ne l'ont pas encore rattrapée.

– Et vous en déduisez que vous êtes fatigué !

– J'en déduis que j'ai le droit d'être fatigué, que j'ai le droit de fuir des soucis que mes nerfs ne supporteraient pas longtemps, de demander à la vie, comme dit Mencken, le maximum de plaisirs et le minimum d'embêtements.

– Et c'est pourquoi vous ne voulez plus de domicile ? Les oiseaux migrateurs, eux-mêmes, s'arrêtent pour faire leur nid. Jadis, un ménage était comme un commerce : il commençait petitement, puis s'étendait ; à ses noces d'argent, il possédait la maison ; à ses noces d'or, il régnait sur tout le quartier. Aujourd'hui, c'est le contraire ; on va en se réduisant, en s'allégeant ; comme les avions de course, on escamote son train. J'ai vu des gens passer dernièrement d'un château à une villa, d'une villa à un appartement, d'un appartement à un studio, d'un studio à un petit bateau et, de là, à une tente !

– C'est que, ruinés par le fisc, ils étaient de plus en plus pauvres.

– Non, c'est qu'ils avaient de plus en plus peur.

– D'accord : peur du fisc.

– Non, peur de tout. La peur a détruit plus de choses en ce monde que la joie n'en a créées. Notre époque est asphyxiée par la peur. Les nations meurent de peur les unes des autres. Les États-Unis ont peur du Japon, qui a peur de la

Russie, qui a peur de l'Allemagne, qui a peur de la France. La France a peur de l'Allemagne, qui a peur de la Russie, qui a peur du Japon, qui a peur des États-Unis. Qui, chez nous, se doute que nous sommes la puissance la plus redoutée d'Europe ? Nous vivons dans un état de panique permanente et parfaitement honteuse, appréhendant chaque idée, sursautant à chaque bruit, si bien que nous avons fini par faire des foudres de guerre de tous ceux que nous eussions dû effrayer. Et les individus ne sont pas moins pusillanimes que les États : les jeunes gens interviewés se révèlent rongés d'inquiétude ; les auteurs ont peur de la critique, les critiques ont peur des éditeurs, les éditeurs ont peur du lecteur et le lecteur a peur du miroir grimaçant que lui tendent les auteurs.

– Oui, mais les gendarmes qui faisaient peur aux voleurs ne font plus peur qu'aux innocents et les romans policiers qui faisaient peur au public ne font plus peur qu'à leurs auteurs, qui redoutent de rester court d'imagination devant les trouvailles de la police !

– La moitié des gens ont peur de ne pas gagner leur bifteck, l'autre moitié de se le voir prendre : tous d'avoir à manger seuls. Bref, notre âge qui se croyait si sûr de lui, donnera sans doute à l'histoire le spectacle d'un sauve-qui-peut général, fuite des gouvernements séniles, des sociétés timorées, des individus retombés en enfance devant les décisions et les responsabilités.

– Cela ne tient-il pas à ce que les faits vont aujourd'hui si vite que les conséquences d'un acte arrivent avec la rapidité foudroyante d'une riposte, frappant leur auteur même, au lieu de retomber beaucoup plus tard...

– ... Sur les autres ? Cela n'excuse pas notre lâcheté ! Il est certain que l'avenir est tout de suite sur nous, comme un boomerang ; ce télescopage du présent et du futur semble un des traits vraiment neufs de notre époque. N'empêche que la peur aggrave les crises...

– ... Et que les crises aggravent la peur. D'accord, mais ne m'aviez-vous promis de me dire comment je pourrais échapper à ce cercle vicieux ?

– Vous ne le pouvez plus : à mesure que les individus se détendent pour fuir, les États se contractent pour les retenir. A mesure que, reniant l'idéal immobilier de leurs pères, les jeunes jettent du lest et, chargés de leurs seuls coupons...

– ... Trop souvent vides de dividende...

– ... Et d'un nombre minimum de principes pliants et de préjugés portatifs, courent vers les frontières, celles-ci s'épaississent, arrêtant au passage les individus, les capitaux et même (mais cela involontairement, par un choc en retour du protectionnisme) les denrées dont on eût voulu provoquer l'exode. L'autarcie vers laquelle tendent les États, avalant toute richesse et n'en rendant aucune, est une chambre à air gonflée à bloc et qui redoute la moindre piqûre. Les voyages sont un trou dans cette étanchéité ; ainsi voit-on l'U.R.S.S. créer des *Intourist,* mais non des *Outtourist bureaux*. On n'en laisse rien sortir : ni une photographie, ni un camarade.

– C'est que, seuls, les Soviets osent appliquer intégralement les antiques méthodes : rattachement des serfs à la glèbe, massacre des esclaves en fuite. Mais continuez...

– A peine les États ont-ils tiré le verrou qu'ils étouffent et, pris d'une folie obsidionale, crient qu'ils sont enfermés et accusent leurs voisins. Le mot « encerclement » est celui qui revient le plus souvent dans la politique étrangère actuelle. En réalité, les États s'enferment mais ce sont leurs habitants qui sont encerclés, coincés entre la police et l'impôt.

– Vous ne leur laissez donc aucun espoir de fuite... sinon par le suicide, ce remède héroïque que nous conseillait la littérature d'après-guerre ?

– En effet, les écrivains de ce temps-là ont beaucoup parlé de suicide, mais je n'en vois guère, parmi eux, qui se soient suicidés réellement.

– Revenez, je vous prie, aux individus assiégés par l'État ; empêchés de fuir, que vont-ils faire, selon vous ?

– Eh bien, ne vous l'ai-je pas dit ici même ? Comme les enfants qu'effraye la nuit, ils vont se grouper ; ils vont former des nébuleuses humaines qu'ils décoreront du nom de syndicats, d'associations, d'amicales, de mutuelles, de clubs, d'unions et de ligues...

– Caviars humains à la recherche d'une boîte...

– Jadis, ils se fussent coagulés autour de quelques idées-forces ; mais, il n'y a plus de marché pour les idées et, à la demande générale, des hommes-forces les ont remplacées. Les masses ont désormais un besoin sentimental et esthétique de contempler des figures ; si même ces têtes contiennent des idées, d'ailleurs interchangeables, cela n'ajoute rien à leur prestige ; on ne leur demande que du magnétisme, du rayonnement ; tout ce que la foule-limaille veut, c'est de pouvoir penser ses chefs en termes d'électro-dynamique. C'est pourquoi, à la fin de cette évolution, les groupes constitués par peur de l'État aboutissent, fascinés par un homme, à se fondre dans l'État en un élan de sacrifice mystique, comme la féodalité, armée pour défendre ses droits contre la royauté, a fini par se fondre amoureusement en elle.

– Mais, justement, ce phénomène, ce n'est pas la peur, c'est l'amour, c'est le besoin d'ouvrir son cœur après s'être saturé de haine, de communier dans la bonne volonté générale, après s'être raidi tout seul, de retrouver l'humble plaisir de servir, après les excès d'un orgueil anarchisant. Il arrive que quelques natures vigoureuses et originales, dans l'art, la science ou l'action, font exception ; tels les esclaves marrons des îles Caraïbes échappant aux molosses des colons espagnols, ils échappent aux cruels mots d'ordre des États-tyrans ; ce sont les Prométhées ; c'est la « minorité infime » dont parle Proudhon, quand, après 1850 (dans un pamphlet contre les blanquistes, les fouriéristes et les saint-simoniens), il écrit cette phrase désespérée que je vous prie d'écouter attentivement : « Nous avons jeté au monde notre idée suprême, l'idée de liberté : la démocratie ne l'a pas entendue. Nous n'avons avec nous qu'une minorité infime...Il faut que le peuple français se donne le plaisir d'un essai de communisme dictatorial. »

Et pourtant il est vrai qu'un profond besoin d'ordre nous soulève tous, en ce moment. Trente ans de basse époque, pathos, boursouflure, décadence des styles, puis dix ans d'anarchie luxuriante où chacun se frayait son chemin le couteau à la main, ont jeté ces millions d'hommes qui vivaient égoïstement, dans un *no man's land* où, devant comme derrière, tout est ruines ; dans cet air irrespirable la seule promesse d'un plan de reconstruction fait briller déjà une lueur d'espérance. Un plan est forcément optimiste ; il s'engage dans l'avenir avec crânerie ; il est une fanfare ; que dis-je, un roulement de tambour : plan, plan, rataplan. Le plan monte à l'assaut de l'ordre matériel, cet ordre matériel si convoité, si difficilement réalisable, et d'ailleurs intolérable sitôt réalisé.

Cette paix que nous cherchons et qui n'est qu'une forme de notre passion de la sécurité, nous ne la trouverons pas sans héroïsme et sans grandeur.

Le risque est beau : pas de grandes pensées, pas de sublimes actions sans lui ; pas d'indépendance, ni de libéralisme. Il est aussi vieux qu'Adam chassé du paradis terrestre ; rien ne sert de vouloir échapper à sa loi : elle seule assure le triomphe dans ce qu'il a de royal. Je voudrais que nos académies créassent, à côté de leurs prix de vertu, des prix d'audace, afin de préparer les jeunes générations à courir l'aventure, riche en vitamines, et la chance, ce très noble gibier. Qu'on leur enseigne que rien n'est plus coûteux que l'assurance tous risques et que rien n'est plus vain, car elle ne couvre pas les risques de guerre et de révolution.

Sous le régime trotskyste des Incas, le hasard et ses désordres avaient disparu ; les statistiques supprimaient l'inquiétude. Ayant accepté de ne rien gagner, chaque citoyen se croyait sûr de ne jamais perdre. Cette organisation parfaite de sécurité collective, ce sybaritisme communiste de la mutualité dura des siècles ; il s'écroula en quelques heures lorsque, fuyant le climat étouffant d'une Espagne médiévale, le « risque-tout » Pizarre apparut au sommet des Andes. Rupture d'équilibre entre les eaux étales du moindre effort et le torrent de la conquête. Certes, les Incas avaient supprimé la faim ; chacun recevait sa farine quotidienne ; mais ce régime débilitant les livra sans défense aux grands carnassiers dont le règne durera tant qu'il y aura des hommes pour qui la vie ne vaut la peine d'être vécue que si elle est sans cesse mise et remise en question.

II

Les richesses ne donnent pas le repos

Les possibilités du repos, trop de gens aujourd'hui les croient liées à la fortune. Bien peu ont les yeux ouverts sur le mal des riches.

Les conflits sociaux sont à base d'oppositions incurables, certes, de désespoirs constants et d'hostilités naturelles, mais ils ont un certain nombre d'autres facteurs aussi, moins économiques que psychologiques : chez les « nantis », la peur à l'état permanent alternant avec l'ostentation vaniteuse ; dans les classes petites-bourgeoises, la manie de la calomnie et l'incompréhension ; une anxiété d'infériorité dans les classes populaires.

Qui donc chez ceux-là, (je le dis pour les consoler et pour leur enlever ce complexe) saurait deviner la misère des riches ? « Un malheur de riche », disent-ils, comme si l'argent suppléait à tout, comme si un cancer ne faisait plus souffrir dès lors qu'on a les moyens d'appeler les spécialistes. Ils rient de la neurasthénie des oisifs et ne voient pas qu'elle peut mener au suicide ; ils ignorent qu'à la guerre de grands schyzophrènes quittaient la maison de santé pour les tranchées et couraient s'exposer au danger, heureux d'oublier un mal pire que la mort.

La pauvreté permet à la douleur de s'étendre en surface, la richesse et les loisirs de se développer et de se compliquer en profondeur ; mais nous n'y pensons pas. Cela tient sans doute à ce que, dans notre société pénétrée d'argent, la pauvreté paraît le pire des maux et le porte-monnaie garni le plus grand des bienfaits. Cette simplification crue des problèmes humains vient de ce que, comme tous les matérialistes, nous ne croyons que ce que nous voyons : la détresse d'un être moralement disgracié qui n'a jamais pu se faire aimer ne se voit pas ; la détresse d'un chiffonnier se voit.

Quelle misère se cache sous ces personnages qu'on imagine heureux et maîtres de tous les loisirs ! N'avons-nous pas vu jadis, à quelques jours de distance, le roi de la photographie suivre volontairement dans la tombe le roi des allumettes. Ainsi les acteurs s'écroulent, comme à la fin d'une tragédie shakespearienne, mais d'une tragédie qui serait jouée en costumes modernes, chez Meyerhold, à Moscou. Et Moscou, justement, se réjouit de ces trépas, tandis que l'Occident est frappé de stupeur.

Le Français moyen, surtout, n'arrive pas à comprendre que des gens riches se tuent pour n'avoir pas su se constituer des réserves d'or, de santé, de loisirs ; habitué à apprécier par-dessus tout la raison, il croit que la première chose qu'on peut acheter avec de l'argent, c'est l'équilibre. La haine que notre grande nation de savetiers voue à la richesse monstrueuse, loin d'être désarmée par la vie frugale des financiers d'aujourd'hui ou par leur philanthropie, s'accroît au contraire de ce qu'elle découvre en eux de trop humain. Les seuls rois aimés du peuple sont ceux qui passent dans la rue, avec une belle couronne sur la tête. Posséder trente milliards et déjeuner chez le bistrot, prêter aux plus puissantes nations et n'avoir ni cave ni cuisine, nous semble parfaitement inharmonieux.

Un Eastman ou un Ivar Kreuger ne sont pas pour nous des surhommes, mais des victimes nécessaires ; victimes d'un vertige de hauteur et de solitude qui fait chavirer ces orgueilleux et les abat comme il ruine les trop vastes empires.

Car loin de savoir résister à la fatalité, ils l'ont subie ; en effet, dans notre société contemporaine, la fatalité veut que l'ingénieur heureux devienne industriel, et l'industriel, par un enchaînement inéluctable, banquier ; le banquier se transforme nécessairement en boursier et, le boursier en... perdant. Un héros, pensons-nous, aurait su échapper à cette loi. Voilà pourquoi un Eastman ou un Kreuger n'ont pas eu de funérailles royales. Aucun Bossuet n'a salué leur trépas ; rien que le tic-tac des agences télégraphiques. Ils sont morts isolés, comme ils ont vécu. Solitude... Jadis l'Internationale des changeurs s'exprimait par des alliances de famille ; ainsi elle avait encore figure humaine ; mais les grands aventuriers modernes sont seuls. Kreuger ne parlait jamais ; quand il voulait se divertir, il emmenait au théâtre sa concierge. Seul il l'est ou il le serait resté jusqu'à la fin, que cette fin fût sa propre mort ou simplement celle de son œuvre, ou encore cette combinaison des deux qui s'appelle le suicide.

« Pareille à la peste asiatique, écrivait Musset, l'affreuse désespérance marchait à grands pas sur la terre. » Aujourd'hui comme il y a cent ans – bien que nos jeunes critiques aient décidé sans recours que l'inquiétude ne se portera plus –, le monde est désespéré. Les ciseaux des Parques sont ébréchés ; il leur faut le pistolet automatique. Austère suicide de Georges Eastman, dans la manière du Portique (« Mon œuvre est finie, pourquoi attendre ? »), le suicide de Kreuger, plus poétique qu'il ne paraît. « On se tue comme en un rêve », a écrit quelqu'un qui s'était manqué. J'imagine que Kreuger s'est tué ainsi. Sa vie simple, son physique ne sont pas d'un jouisseur, mais d'un mystique de l'action. Il s'était annexé l'univers, sans préméditation, poussé par un instinct obscur, obéissant peut-être aux voies de la Providence qui semble choisir certains hommes pour préparer des régimes nouveaux, quitte à les sacrifier comme des émissaires, à les congédier comme des domestiques.

Dans cette marche vers l'unification des ressources mondiales, que d'hommes seront brisés ! Les grands capitaines d'industrie et de finances nous apparaissent comme irresponsables ; c'est que les gestes qu'ils font leur sont imposés par des forces invisibles. Un Kreuger dut s'en rendre compte, car sa lucidité égalait certainement son intelligence et sa mémoire.

Sans doute n'accusa-t-il de sa perte ni Wall Street, ni le plan quinquennal, ni les crédits gelés. Il savait qu'il s'en prenait aux dieux. Il dut sentir craquer son squelette sous la complexité de la tâche et l'énormité du fardeau ; Kreuger s'est tué, moins par crainte d'être puni d'une escroquerie que parce que, dans l'immensité de sa fortune, il avait fini par se perdre et qu'il ne pouvait plus se retrouver que dans la mort. L'effort gigantesque de réaliser totalement en sa personne l'univers moderne l'anéantit. Il portait en lui le monde et le monde, soudain, ne le porta plus.

Retrouvons le repos dans des joies simples. Ces grands magnats de la finance ont été tués par leur culte des abstractions. Notre éducation nous aide-t-elle assez à comprendre le monde des réalités ?

Vous rappelez-vous *Admirable Crighton* ? C'est une pièce anglaise où une noble famille, échouée à la suite d'un naufrage dans une île déserte, dépend pour son entretien et son existence même du maître d'hôtel qui, seul, sait se servir de ses mains.

Nous ressemblons tous un peu à cette aristocratique famille. Combien de bourgeois seraient capables aujourd'hui de distinguer les substances comestibles des vénéneuses, de se fabriquer des outils, de se construire une hutte ? A cet égard, nous ne valons pas les gens de qualité de l'Ancien Régime. De la nature, ils avaient une connaissance plus intime que nous ; c'est aussi qu'ils recevaient une éducation mieux comprise. Autrefois on cultivait les enfants, aujourd'hui, on les force, et ce forçage porte uniquement sur le cerveau et même sur une seule faculté du cerveau, la mémoire ; pour sélectionner les élèves, on a choisi de surcharger les mémoires jusqu'à ce qu'elles craquent ; s'il reste beaucoup d'éclopés sur la route, tant mieux ; on aura réduit ainsi le nombre des heureux à qui on laisse croire que leur diplôme les mènera à tout, alors qu'il serait plus juste de dire que l'absence de diplôme fait que l'on n'arrive à rien. Ces programmes d'études sont devenus terrifiants ; ils devraient nous faire faire un retour sur nous-mêmes ; on a dit qu'aux vertus exigées des domestiques bien peu de maîtres seraient capables d'être des valets. A voir ce que l'école exige aujourd'hui de nos fils, je me demande combien de pères seraient capables d'être des enfants. Sur ces malheureux petits, insuffisamment protégés par le scoutisme, on projette du matin au soir un énorme faisceau d'idées, de chiffres, de graphiques, de formules, de dates derrière lesquels aucun fait palpable, aucun objet réel ne peut être scruté, flairé, manié. L'enfant s'anémie sous un déluge d'abstractions. Il apprend la botanique, la mécanique, l'électricité ; mais sait-il démonter une prise de courant, enfoncer un clou, planter une pomme de terre ? Que fait-on pour ses mains ? N'en déplaise à l'étymologie, rien ne fait moins appel aux mains que les manuels. Et pourtant, si l'homme avait un sabot au lieu de main, a dit Helvétius, il n'y aurait jamais eu de progrès.

Ces excès scolaires avaient jadis un correctif : la vie de famille qui replongeait l'enfant dans la réalité ; il voyait sa mère s'affairer aux soins du ménage, son père travailler au jardin, l'un et l'autre réparer, repriser, fabriquer, et il les aidait ; aujourd'hui la bonne à tout faire fait tout et le téléphone est là pour appeler le plombier.

Il n'y a pas si longtemps que chez nous l'homme avait avec l'outil un contact conscient. Il savait comment on le fait, comment on le casse, comment on le répare. Mais aujourd'hui, comme des fermiers américains, nous ne savons plus que casser, comptant sur d'autres pour réparer. Les abus du machinisme sont tels qu'en Angleterre même les femmes abandonnent leurs casseroles et que l'on voit des paysannes ouvrir des boîtes de conserve quelques instants avant les repas. Les jeunes filles « aux doigts de fées » ne sont plus pour nous qu'un souvenir lointain et un peu ridicule. Nous bénissons le gramophone qui nous a débarrassés des exercices de vélocité des demoiselles à qui on n'enseigne plus le piano. L'écrivain qui, la plume au doigt, faisait « courir fiévreusement sa main sur le papier », dicte aujourd'hui à sa sténo, et le lien matériel qui joignait la pensée à l'expression s'est rompu. Nous avons abandonné les deux grands sports de nos aïeux, l'escrime et le cheval, fondés sur la souplesse déliée, la légèreté rapide de la main. Aujourd'hui, c'est le rugby, la natation, l'auto, la boxe : ce sont les bras, les poings, les pieds et l'œil.

Éblouis par nos conquêtes mécaniques et leur corollaire, hypertrophie du muscle et de la mémoire, nous n'avons pas encore esquissé cette réaction dont les penseurs d'après 1848, les Ruskin et les Tolstoï, qui s'inquiétaient (déjà !) des progrès du machinisme, nous avaient donné l'exemple. Ils prêchaient le retour aux travaux manuels comme régulateurs de l'âme ; quel peuple y est plus propre que le français ? On a dit à satiété qu'il était le premier artisan du monde ; c'est l'adresse de ses mains amoureuses du détail jointe à l'aptitude de son cerveau pour les idées générales qui, jusqu'ici, le sauvèrent des stériles spéculations de l'esprit et du mécanique travail à la chaîne. L'alliance du cerveau et de la main, c'était tout l'équilibre français, donc notre repos. Aujourd'hui, nous sommes malhabiles de nos dix doigts, et il est temps de dire avec Voltaire : « Instruisons nos mains. »

III

Voyager

Le *« désir de voir et l'humeur inquiète »* sont les caractéristiques de notre époque. Il ne faudrait pas y renoncer sous prétexte qu'il en a cuit à l'un des deux pigeons. Lucrèce parle déjà des gens qui, tout le temps, « changent de place comme s'ils avaient à se débarrasser d'un lourd fardeau ».

On veut échapper au spleen ; on cherche à se fuir soi-même. C'est alors qu'apparaît, sous l'influence anglaise, cette nouvelle conception romantique du voyage qui nous régit encore, où il ne s'agit plus de découvrir quelque chose, mais bien plutôt de se perdre.

Si les gens, actuellement, se déplacent tant, c'est qu'ils sont malheureux : d'où les voyages d'agrément. Il est des moments où la vie matérielle est si dure que les populations s'arrachent de leur sol : ce sont les émigrants ; il en est d'autres où l'atmosphère morale est si irrespirable qu'on assiste à une sorte d'exportation spasmodique des sensibilités : on veut changer ses maux de place et mettre sa souffrance dans un autre décor. Aux trains de plaisir succèdent les trains d'ennui. Les agences Cook voient moins de gens heureux, riches, que des gens qui veulent qu'on les aide à oublier ; car, voyager, c'est demander d'un coup à la distance ce que le temps ne pourrait nous donner que peu à peu.

Certes, il n'y a là qu'une illusion : ce n'est pas parce qu'un homme aura été transporté en une nuit en Italie ou en Espagne que ses affaires s'arrangeront : croire cela, c'est croire que le plaisir est une réalité. Mais, pendant quelques jours du moins, le voyageur se sentira soulagé ; le monde extérieur cessera d'être une grisaille, un morne et massif arrière-plan ; ce qu'il en apercevra à nouveau donnera un ton à ses pensées, du sel à ses actions.

Le changement agit sur nous comme un révulsif, la curiosité décongestionne la partie malade de notre cœur ou de notre esprit. Il aura suffit d'un billet de carton foré pour que nos habitudes soient brisées, que le paresseux se lève à l'aube, que l'anémique ait faim et que l'avare dépense. Que ne donnerait-on pas pour ces quelques heures magiques ? Magiques, mais sans lendemain.

Cette détente nerveuse, cette liberté d'esprit, cette enfance retrouvée, ce bonheur inavouable que donnent les voyages, automatiquement et infailliblement, au sortir de la ville, dès la gare ou l'embarcadère, font de vous l'être léger, indépendant, simplifié, préadamique, que les difficultés et les fatigues de la vie moderne avaient dissout. On est presque devenu, avant même que d'avoir abordé à des rives lointaines, un de ces sauvages innocents qui firent baver d'aise la plume des littérateurs du XVIIIe siècle et qui trouvèrent grâce même devant les Encyclopédistes acides et les bourgeois voltairiens.

« Peut-être le bonheur n'est-il que dans les gares ? » Il le faudrait. Il faudrait, après avoir versé une heure plus tôt des larmes salées, sauter de joie à l'idée de la liberté recouvrée, loin de la maison fétide et domestique. Pensons au Bouddha qui enseigna que « la liberté est dans l'abandon de la maison ». Ces départs, ce sont des Bastilles qui tombent. Les rails, ces parallèles d'acier en fuite vers des disques blancs, noirs et rouges, cette Fête-Dieu avec des reposoirs, des fumées, cette Saint-Jean des brasiers, l'encens des chaudières, tout doit être joie. Il y a rupture d'équilibre, mais déjà l'on entend une harmonie nouvelle. Savoir voyager, c'est avoir la science des accords.

Vous ne pensez plus à rien. Vous n'attendez pas encore de nouvelles. Jouissez de votre bonheur. Il ne faut pas vouloir être en deux endroits à la fois. La sagesse serait de ne recevoir aucune lettre. Un de mes amis, retour de Chine, trouva la correspondance d'un an et demi qui l'attendait sur son bureau ; il ne s'était naturellement rien passé en son absence. Voyager, c'est être infidèle. Soyez-le sans remords ; oubliez vos amis avec des inconnus ; à vos parents, préférez ce placeur de films avec lequel vous faites un poker de douze jours à travers le Pacifique. N'écrivez pas ; dites-vous que votre livre d'adresses est un cimetière ; mettez-vous en friche ; assolez votre esprit, faisant alterner les cultures de solitude, de silence avec les récoltes de travail, de chagrins ou de succès. « Le vrai secret pour avoir de la santé et de la gaieté, écrit Voiture, est que le corps soit agité et que l'esprit se repose : les voyages donnent cela. » Un déplacement, c'est, par magie, une vie nouvelle, avec une naissance, une croissance et une mort, qui nous est offerte, à l'intérieur de l'autre. Profitons-en pour mettre à l'épreuve la vertu des contraires. Apprenons à regarder haut et à connaître les étoiles ; renonçons à la promptitude, à l'activité ; organisons-nous pour durer. Ce testament, cet examen de conscience, ce choix des rares pensées, du peu d'objets, des quelques êtres qui sont vraiment utiles, apprenons à nous l'imposer et, par une désertion volontaire, entraînons-nous à ce jour où il nous faudra tout quitter.

Conseils pour voyager sans argent

Ayant jadis écrit un petit livre sur l'art de voyager, beaucoup de lecteurs m'objectèrent :

– Tout cela est très bien, mais où prendre l'argent ?

Pour s'en procurer rapidement, il y a la méthode directe : la carte biseautée, l'attaque d'une bijouterie, l'assassinat d'une vieille parente ; mais au bout, ce n'est pas toujours l'acquittement ; il y a des risques à courir, qui sont parfois un voyage aux colonies pénitentiaires ; or, la première condition du voyageur, c'est d'être libre et éternellement disponible.

Quand le désir de partir résiste au manque d'argent, c'est la vocation. Rien n'est plus beau qu'une vocation réalisée, si ce n'est une vocation contrariée. Je n'ai pas pour l'Enfant Prodigue l'admiration que lui ont vouée les peintres et les écrivains. Il ne saurait nous apprendre à voyager sans billets de banque, car c'est un fils de famille. Voyez le costume de rasta qu'il porte dans le tableau de Murillo : monté sur un cheval marron et couvert d'un manteau pourpre, il tient à la main un chapeau à plumes et salue ses parents. L'Enfant Prodigue n'est qu'un bourgeois qui jette sa gourme.

Jadis on s'engageait comme mousse sur les navires à voiles. C'est là une carrière que le navire à vapeur est venu interrompre. A une époque où les passeports et les carnets de syndicats étaient sans rigueur, les aventuriers pauvres se rendaient à pied au prochain port où ils trouvaient un engagement et partaient voir du pays gratuitement. Ils étaient payés en pois cassés et en coups de cordages sur les reins ; mais ils revenaient ayant beaucoup appris, connaissant l'extérieur des pays et l'intérieur des hommes. Ainsi se formèrent maints grands capitaines.

Ceux qui se fussent inscrits sur le rôle d'un équipage de trois-mâts n'ont aujourd'hui d'autre recours que de s'étendre sur l'essieu d'un wagon ou de se cacher dans le charbon d'un tender. Ainsi traversent-ils l'Europe au mépris des douanes et des frontières. Ils arrivent à Paris et débarquent à contre-voie, noirs de poussière. Si la main du sergent de ville ne s'abat pas sur eux avant qu'ils soient débarbouillés, ils trouveront peut-être une situation qui les rendra millionnaires. D'autres parviennent à se cacher à fond de cale ; on les nomme des *stowaways* (faute d'un terme français pour désigner ces amateurs de tourisme gratuit, nous employons le mot anglais). L'attrait qu'exerce cette invitation au voyage qu'est un navire dans un port apparaît si puissant que chaque traversée transatlantique compte quelques-uns de ces vagabonds entêtés. Mis aussitôt en cellule, condamnés au pain sec, employés aux plus durs travaux du bord, en aucun cas ils ne seront débarqués avant le retour. Les victimes du rêve, qui dérobèrent un beau voyage aux Compagnies de navigation, les condamnera-t-on aux mêmes peines que le coupable de grivèlerie qui commande un dîner et ne peut le payer, ou que le voleur à l'étalage ?

Sur ces délinquants qui recommencent sans cesse, la clémence serait de peu d'effet ; par contre, il faut se montrer indulgent envers les échappés de la vieille geôle européenne ; peut-être un sûr instinct les guide-t-il vers un eldorado ; peut-être un de ces modernes conquérants fera-t-il souche de descendants héroïques sur des terres nouvelles. Soyons-leur secourables ! Il n'y a pas longtemps, deux jeunes gens d'Avignon avaient tenté de s'enfuir pour l'Afrique, sur une barque à voile, dérobée à Port-Vendres. Arrêtés et interrogés, ils déclarèrent qu'ils avaient voulu partir « chez les nègres » et comptaient atterrir en Guinée. Ils emportaient dix boîtes de sardines, des tablettes de chocolat et un vieux revolver d'ordonnance, tout rouillé ; on frémit à voir tant de bonne volonté perdue dans une époque comme la nôtre. Les tempêtes, les cannibales, l'esclavage, fallait-il les redouter pour ces jeunes explorateurs ? Hélas, non ; le tragique c'est que rien ne leur serait arrivé dans nos mers sans pirates, surveillées par la T.S.F. et les projecteurs.

Eussent-ils même atteint la terre d'Afrique, ils n'auraient pas davantage trouvé l'aventure ; car chez les " sauvages ", il y a des Blancs à grosses moustaches noires, des messieurs méridionaux, ceux-là mêmes, le casque colonial en plus, que croyaient fuir nos petits héros. Pour consoler ces garçons et stimuler une initiative trop rare chez un peuple ennemi d'autres horizons que les siens, je promis de leur payer un voyage en Guinée, quand ils seraient grands.

C'est une expédition à peine moins périlleuse qu'entreprirent, en Méditerranée, il y a quelques années, deux jeunes filles suisses et deux françaises qui, à elles quatre, ne comptaient guère plus de soixante-dix ans. Ayant frété un cotre de quelques tonneaux, pendant plusieurs mois elles naviguèrent en Méditerranée orientale, visitèrent la Grèce, la Crète et les îles de la mer Égée. Sans autres armes qu'un gramophone, sans autre approvisionnement que quelques boîtes de conserve, Mlles Oulié et de Saussure nous ont donné une merveilleuse leçon d'indépendance et d'endurance sportive, et leur voyage est le type de l'itinéraire gratuit. Chaque page de leur journal est un hymne à la liberté, une liberté achetée non avec de l'argent, mais avec du courage, de la force physique, de l'expérience ; science nautique et art culinaire, voilà des femmes qui ne coûteront pas cher à leurs époux, pendant le voyage de noces !

Le touriste aisé mène une vie peu hygiénique ; il dort trop, mange trop, ne fait pas d'exercice, souffre d'un foie engorgé, se plaint de tout. C'est à peine s'il descend aux escales ; il ne s'expose pas à manquer de ventilateur, de glacière ou d'auto. Il ne voit rien, contemple hâtivement des paysages que la publicité a vidés de leur sève, aligne sur son journal de route des ports tous semblables, et laisse s'atrophier les muscles de l'animal humain. Il ne sait rien de la belle humeur du voyageur à pied, de l'allégresse du marin qui ne doivent leurs joies qu'à leur peine. « On s'étonne parfois que nous ayons plaisir à parcourir en deux mois au prix de tant d'efforts, de ces durs coups de collier dont est fait le métier de marin, la route que nous pourrions effectuer en cinq jours, bien tranquillement, sur un paquebot, écrit Mlle Oulié ; comment songer à comparer ? Mais, à la voile, on reprend contact avec les sources mêmes de la vie... »

Se perdre... Rêve des enfants, des amoureux,

des mystiques, rêve inaccessible à ceux qui voyagent avec des billets de chemin de fer et avec des billets de banque. Une adresse, une simple adresse poste restante... *and all the romance fades away !* Changer de l'argent, c'est tomber victime d'un portier d'hôtel, avouer son identité à un banquier, vendre son nom à un interprète, c'est être obligé de faire légaliser sa signature chez le consul et de subir ses invitations à déjeuner.

Orgueil de ne rien devoir qu'à soi-même. De n'être pas le jeune homme riche, muni de lettres de crédit, mais celui dont la personne constitue le seul capital... Au Moyen Age, dans les corporations, une vieille coutume dite du Tour de France obligeait les apprentis à partir, leur baluchon sur l'épaule, et louant leurs services d'étape en étape, à travers une bonne partie de l'Europe avant d'acquérir des droits à la maîtrise. Dubreuil, l'auteur de *Standards*, ce livre si remarqué, est un ouvrier français qui, élargissant cette tradition, parcourut ainsi les États-Unis. « La possession d'un métier, écrit-il, se révéla pendant mon voyage plus efficace que la possession d'un carnet de chèques. Jamais je n'avais ressenti avec autant de fierté la force ouvrière et l'indépendance réelles du travailleur. » Alors que les recommandations enferment le jeune bourgeois dans sa classe, la connaissance d'une technique met l'ouvrier en rapport avec des milliers d'êtres de toutes conditions.

Faire route sans argent, c'est éviter l'hôtel. L'hôtel, c'est l'assassinat du voyage, c'est la mort de l'aventure. Heureux dénuement qui permet de loger chez l'habitant, sinon à la belle étoile, et de pénétrer partout, invisible. Certains pays européens, comme l'Espagne, sont si fermés à l'étranger de passage qu'il est impossible de les bien connaître si l'on habite à l'hôtel ; ce qu'il faut y rechercher, c'est la *casa de huespedes*, qui seule, ouvrira l'accès de milieux colorés et picaresques, la petite pension, véritable scène balzacienne, où défilent les personnages provinciaux et les types populaires les plus étonnants. J'ai connu dans les *boarding houses* et dans les *pensionen* une Angleterre et une Allemagne que je n'eusse jamais soupçonnées. Quant à certains coins d'Orient, à l'Afrique, aux Pampas de l'Amérique du Sud, pays d'hospitalité biblique où l'argent est encore sans valeur, le voyageur y paie son écot en bonne humeur, en menus services, en chansons, mais jamais en dollars ou en pesos. Ainsi les troubadours traversaient une Europe pour eux sans frontières ; ils allaient, chantant d'un ton léger les sujets les plus graves, se moquant de la guerre et de la religion. Est-il besoin d'argent pour se promener par un beau matin de printemps de Barcelone à la Loire, où le vin et les femmes sont pour rien ? A Oxford, il y a vingt ans, nous avions mis sur pied, entre étudiants, une expédition qui devait, par ses propres moyens, parcourir le Canada et les États-Unis ; le programme je m'en souviens encore, comportait la représentation d'un vieux *mystère* anglais, *Everyman*, des récitations, des exhibitions d'animaux savants et de la prestidigitation ; notre société s'appelait les *Jongleurs*, et avait pour chef le fils de l'amiral Freemantle : hélas, nous ne partîmes jamais... Ainsi avait vécu Shelley, puis, à Fontainebleau, Stevenson. Si l'un et l'autre aimèrent et connurent, comme peu d'étrangers, la France et l'Italie, c'est qu'ils les parcoururent longuement à pied, à âne, en canoë. Stevenson entreprit son célèbre voyage des Cévennes avec une ânesse payée soixante-cinq francs et une bouteille d'eau-de-vie ; il avait pour bagage « un bonnet de fourrure et une lampe à esprit-de-vin ». Dans son canoë, l'*Aréthuse*, en 1876, il descend de Belgique en France, manque de se noyer et écrit le *Voyage au fil de l'eau*.

« Il ne me faut que des plaisirs purs, et l'argent les empoisonne tous. » C'est de cette phrase des *Confessions* que date la promenade à pied, ainsi que la rêverie et la botanique, qui en sont filles. Le promeneur à pied et ses descendants modernes, le globe-trotter et le boy-scout, sont la preuve que l'influence de Jean-Jacques n'a pas diminué avec le temps. Je crois bien que mon goût irrésistible du camping, de l'hydroglisseur et du canoë, de la cuisine en plein air et des nuits sous la tente date du jour où je découvris dans les *Confessions,* la page célèbre où le jeune Rousseau couche à la belle étoile : « Je me souviens d'avoir passé une nuit délicieuse, hors de la ville, dans un chemin qui côtoyait le Rhône ou la Saône... Je me promenais dans une sorte d'extase... il était grand jour, mes yeux, en s'ouvrant, virent l'eau, la verdure, un paysage admirable, etc. » Aujourd'hui encore quand les nuits tiédissent vers le début de juin, il me suffit de penser à cette page pour tout abandonner et me mettre en campagne.

Ce retour à la nature, en plein règne de Louis XV, explique à notre époque le succès d'un Alain Gerbault. Son aventure est à la portée de tous les désirs. Chacun peut acheter ou louer un vieux bateau de trente-deux ans et y vivre sans autres provisions que trente kilos de biscuits et des livres de Conrad, Stevenson, Loti, Shelley ou Masefield ; mais on oublie qu'il est exceptionnel d'oser se risquer seul dans la tempête, de mettre à la cape pour dormir au milieu des flots et d'effectuer le tour du monde sans faire naufrage ; on ne pense qu'à la réussite, qu'à la vie libre, qu'aux danses parmi les indigènes couronnés de fleurs. A notre époque de pauvreté avouée et d'évasions refoulées, Gerbault est le type de l'homme qui voyage sans argent. Il fuit la société de ses semblables, il est pur, il lit les poètes, il déteste la civilisation blanche, il hait le machinisme et ne compte que sur le vent pour faire son chemin ; aussi Gerbault est-il la revanche des vies monotones et du quotidien labeur : il apparaît sur la crête des vagues comme Jean-Jacques sur les sommets de l'Helvétie.

Devoirs du Français à l'étranger

Ce chapitre a été omis dans les manuels de civilité, qui enseignent comment il faut se tenir dans les salons : et pourtant, l'étranger est un salon où le Français, en raison de sa réputation, bonne ou mauvaise, est le plus surveillé des hôtes. Le touriste voué, sous les costumes les plus voyants, aux hôtels les plus sonores, aux lieux les plus publics, est immédiatement mis en vedette, avec tous les inconvénients que comporte cette situation. Aussi ne me paraît-il pas inutile de proposer à ses méditations quelques vérités premières. Ces préceptes de la sagesse internationale sont presque tous négatifs, car un bon voyageur ne doit pas se produire, s'affirmer, s'expliquer, mais se taire, écouter et comprendre. Ce rôle est rarement bien tenu, d'où la nécessité des recommandations qui vont suivre.

Français, mes frères, évitez, à peine débarqués de vous écrier :

« Quel sale pays ! Au moins chez nous... » Des oreilles amies vous écoutent et seront blessées.

Évitez aussi – à cause des oreilles ennemies, cette fois – de clamer : « Quel sale pays que la France ! Au moins ici... » Ne faisons pas de coquetterie facile aux dépens de notre patrie : le Français qui crut gracieux de déclarer : « Si je n'étais pas Français je voudrais être Anglais », s'attira cette sèche et belle réplique : « Et moi, si je n'étais pas Anglais je voudrais être Anglais. » Rien n'est vil comme de faire des politesses en reniant quelque chose ou quelqu'un.

En général, ne pas commencer toutes ses phrases par : « En France... » Notre pays ne préoccupe que nous. A vingt heures de distance, peu de gens y pensent plus d'une fois par jour. A vingt journées, les journaux ne le mentionnent même plus une fois par semaine.

Le Français doit se garder de croire et surtout de laisser entendre qu'à l'étranger toutes les femmes, alléchées par notre ancienne réputation, ne demandent qu'à tomber dans ses bras. Cette fatuité, immortalisée dans maint film, ne nous rend pas populaires.

Qu'il rompe avec ses habitudes nationales d'économie. L'épargne n'est estimée comme une vertu qu'en France.

Attention aux reporters ! Les interviews d'un nouveau débarqué sont communément fleuries de gaffes. Et les journaux locaux en remettent.

Le Français doit apprendre à contrôler ses sources d'information. Qu'il ne se fie ni au compatriote de passage, qui ne connaît pas le pays, ni au compatriote résidant et grincheux, qui le connaît trop.

Ne jugeons pas un peuple sur la première personne rencontrée après la frontière, mais attendons d'en avoir vu au moins deux : pour les comparaisons.

Ne pas se moquer des coutumes locales ; elles nous paraissent risibles parce que nous ne sommes pas habitués à leur ridicule, tandis que nous sommes faits au ridicule des nôtres.

Éviter l'ironie : les peuples étrangers qui entendent l'ironie sans se fâcher sont au nombre de deux ou trois.

Se rappeler qu'on a l'honneur d'appartenir au peuple réputé (bien à tort, d'ailleurs) le plus poli du monde.

Le Français en voyage a tendance à prendre pour de la francophilie les invitations à dîner. En fait, les premières qu'il recevra émanent de gens qui ont à se faire pardonner des actes hostiles à la France. Non content d'y dîner, notre Français s'épanche, interroge, consulte, et finit par se faire dicter sa conduite par ceux-là mêmes dont il devrait le plus se défier. D'où l'utilité du commandement suivant : le Français en voyage devra se présenter à son ambassade. Qu'il fasse violence à son caractère naturel, qu'il renonce à considérer les représentants de son pays comme des incapables ou des prétentieux, et qu'il leur mette des cartes. Les renseignements qu'on lui fournira l'empêcheront du moins de tirer, sans le savoir, dans les jambes de ses compatriotes et aussi d'être entraîné dans leurs querelles, car il est rare qu'une colonie française à l'étranger ne soit pas divisée par des luttes intestines et parfois héréditaires.

Et puis, qu'il ne promette pas la Légion d'honneur à tout venant, pour se dispenser d'offrir des fleurs.

Dans ses rapports avec les étrangers, le Français devra se méfier de la méfiance, cette méfiance *a priori* instinctive, agressive, qui va de pair, chez nous, avec une crédulité confinant à la jobarderie sitôt que nous sommes las de soupçonner à tort et à travers. Une forme de cette crédulité est la conviction, ancrée dans nos têtes grâce aux manuels scolaires, discours politiques et articles de journaux, que la France est adorée et qu'il suffit à un Français de se montrer pour conquérir. Il faut oublier, au plus vite, cette illusion.

Et, par-dessus tout, ne jamais faire le malin.

Je voudrais signaler aussi quelques petits périls encore peu connus : en règle générale, et tout particulièrement chez les Anglo-Saxons, il est préférable de ne pas commencer, dès l'arrivée en gare, par un discours, et surtout par un discours brillant, car l'éclat du discours attire la gaffe comme la hauteur de l'arbre attire la foudre ; s'il arrive que l'éclair ne tue pas, la gaffe tue toujours. Plus les pays seront petits, et plus il faudra se surveiller, mais les grandes nations, surtout quand elles sont de formation récente, ne sont pas, non plus, exemptes du complexe d'infériorité.

Le peuple qui en est le plus dénué, ce sont les Anglais. Ils ont une telle conscience de leur excellence que, de la part d'étrangers et surtout d'étrangers de sang non germanique, rien ne peut les atteindre. Sauf d'appeler des Irlandais des Anglais, je crois qu'on peut tout leur dire.

Ils ne se fâcheront même pas si vous affirmez que l'heure de la marine est passée et que l'avion de bombardement a tué le cuirassé, tant ils sont sûrs d'acquérir promptement la même supériorité dans l'air que sur mer. Mais le peuple britannique est exceptionnellement patient et lent dans ses réflexes. Il n'en va pas de même de nos autres voisins. N'allez pas dire à un Napolitain : « Vous qui êtes Sicilien... », ou à un Sicilien : « Vous qui êtes Italien... ». Ne dites pas, à Rome, devant le monument de Victor-Emmanuel : « Auparavant, qu'est-ce qu'il y avait là ? » Vous pouvez vous écrier : « D'Annunzio est un grand poète français », mais non : « D'Annunzio est le grand poète italien ». Si vous vous êtes laissé aller à penser tout haut : « L'Italie est le pays des amoureux », ou « Je n'étais pas revenu ici depuis mon voyage de noces », il vous faudra réparer, au plus tôt. Vous réparerez donc ainsi : « En France, nous ne savons pas faire cuire les pâtes », ou « N'ai-je pas lu le nom de votre famille dans la *Divine Comédie* ? » est d'un effet aussi sûr que : « Napoléon, qui était Italien... » A Venise, le : « J'aime l'odeur des petits canaux » fera de même revenir le sourire sur toutes les figures.

Sous les pas du voyageur, des chausse-trapes s'ouvrent partout. Ne parlez pas anglais aux Égyptiens. Ne mettez pas de casque colonial au Brésil. Dans Vienne républicaine, si vous blaguez François-Joseph, comme on le faisait couramment sous la monarchie, vous ne serez pas bien vu. Ne dites pas à Bangkok que vous avez horriblement chaud. N'appelez pas les Roumains des Moldo-Valaques. Ne traitez pas les Argentins de Sud-Américains ; ils le prendront fort mal, car ils se considèrent, à l'exclusion des autres, comme des Européens colonisant l'Amérique du Sud. N'espérez pas vous lier avec un Polonais en lui confiant que votre meilleur ami, au lycée, était un de ses compatriotes nommé Abramovitch.

On demande ici un professeur de psychologie internationale, car tout voyageur est, pour le temps de son voyage, candidat à une nationalité d'emprunt ; qu'il apprenne à se bien conduire et qu'il ne compte pas toujours pour réparer ses bévues sur cette phrase, à la vérité bien efficace, adressée aux femmes : « Je vous avais prises pour des Parisiennes. »

Voyager... c'est servir

Aujourd'hui, il n'est plus permis en effet de faire le fol ; votre repos doit servir à quelque horloge que sonne l'heure, elle est trop grave pour qu'on agisse sans réflexion. Le voyage, même chez les peuples heureux qui peuvent encore se payer ce luxe, ne libère plus, comme aux années de l'après-guerre ; il engage. Noblesse oblige ; or la plus grande de toutes les noblesses n'est-elle pas celle de l'homme libre qui part pour apprendre, qui revient et rend compte ? Ainsi se continue la chaîne, au sens le plus lourd du mot qui nous relie à Hannon, le premier voyageur ; depuis lui, jusque vers la fin du XIXe siècle, où la terre cessa d'être inconnue, chaque déplacement eut un but ; sans aller jusqu'à l'imiter, nous devrions aujourd'hui partir en implorant la clémence du ciel et, rentrés dans nos foyers, ne dénouer nos sandales (comme l'on disait vers 1800), qu'en rendant grâces aux dieux et en leur consacrant, à défaut d'un temple, une œuvre portant témoignage de notre amour des hommes. Si la vie est un grand voyage, chaque voyage est une petite vie incluse dans la grande ; et comme au lit de mort il nous faut faire notre examen de conscience pour nous assurer que nous ne retournerons pas les mains vides vers l'au-delà d'où nous sommes venus, de même, à la gare d'arrivée, nous devons nous demander si, en quittant notre patrie, nous l'avons servie.

Avons-nous compris aussi pourquoi nous devons l'aimer ? Par sa fenêtre, le voyageur a contemplé l'Europe entière dormant sous la neige : neiges verticales des Balkans, de la Bohême, du Tyrol et de l'Helvétie ; neiges horizontales des steppes roumaines et hongroises. Partout le ciel noir, la terre dure de gel, l'épais manteau du silence et de la désolation : partout, dans l'attente du printemps qui amollira les champs et les rendra cultivables, le morne hivernage, l'engourdissement et l'ennui : à ce tableau d'une Europe continentale balayée par les vents glacés, ensevelie avec ses frontières sous un suaire uniforme, un seul pays manque : le nôtre. Voici en effet la terre de France magiquement cultivée, malgré la mauvaise saison ; devant les claires fenêtres du wagon où, pour la première fois, le givre a fait place à la buée que l'on efface du coude, dans le matin d'un hiver clément courent des villages paisibles où les paysans en veston, sans bottes ni fourrures, se rendent à leur champ par de beaux chemins propres, ou bêchent dans leur potager des mottes grasses qui cèdent sous le pied. Il suffit d'avoir goûté aux quelques raves coriaces, aux quelques salades flétries qui sont en ce moment l'unique légume des tables de nos voisins, amis ou alliés de l'Est, de les comparer aux pyramides de choux, aux citadelles d'artichauts, aux remparts d'endives, aux bastions de chicorées, aux acropoles d'épinards de ces Halles parisiennes que mon taxi traverse à la descente du train, pour mieux apprécier la place privilégiée et si enviée que nous occupons sur la terre.

Nous ne pensons jamais qu'à l'Allemagne. Comme elle est notre plus proche et plus dangereuse voisine, nous nous plaisons à croire qu'elle seule est affamée de notre richesse, qu'elle seule convoite nos terres généreuses. Mais que l'on aille plus avant et on découvrira que ce n'est pas uniquement le prestige de Paris et de la pensée française qui attire à nous les errants d'Ukraine, les nomades de Pologne, les barbares scythes, et derrière eux les denses millions de Jaunes ; un désir obscur et d'autant plus violent les pousse vers notre vie facile, notre climat tempéré, nos bons ports, nos eaux douces et égales, nos littoraux tièdes et nos océans réchauffés. C'est un instinct quasi sexuel de possession et de dévastation qui les meut contre la France-bourgeoise, la France-princesse, la France-héroïne d'un roman inouï de bonheur humain. Et combien cet instinct serait plus vif encore si ces estomacs déshérités, ces détresses chroniques pouvaient constater par eux-mêmes que notre peuple, à l'abri des épidémies et des famines, mange de la viande dans des maisons que ne menace aucune inondation, aucun tremblement de terre. Malraux me disait un jour que la lutte des classes n'avait vraiment pris toute son acuité que depuis que le cinéma avait fait voir, et comme toucher du doigt aux prolétaires, le luxe dans les demeures des riches, réalisant ainsi à son insu le mot atroce de Lassalle : « Nous leur ferons comprendre *malgré eux* combien ils sont malheureux ».

Les plus terribles ennemis de notre civilisation se lèveront peut-être le jour où le cinéma et la télévision diffusés par toute la terre révèleront, sur une immense échelle, aux hordes d'Attila, ce que quelques estafettes orientales sont encore seules à avoir compris, je veux dire cette très simple leçon de choses, cette vérité élémentaire de géographie et d'agriculture : en janvier les légumes se cultivent à Clamart, mais non à Samarcande.

Puisse le voyage nous avoir rappelé notre bonheur !

IV

Sports...

Le sport, parce qu'il nous épanouit dans un libre jeu de l'esprit et du corps, apporte le vrai repos aux hommes du siècle. Il nous ramène aux plaisirs sains, aux grands rythmes naturels.

Une de ses joies et non des moindres, c'est ainsi la conscience que nous avons de pouvoir, grâce à lui, protester contre la civilisation en nous exerçant pour quelques heures à redevenir des sauvages.

Jamais la contrainte sociale ne nous pèse davantage qu'à l'entrée de l'été ; la civilisation, c'est se vêtir, se loger, s'éclairer, se nourrir ; mais, à la fin de juin, tous ces gestes nous semblent inutiles ; nous nous endormons presque à la lumière du jour, nous pourrions coucher à la belle étoile, aller nus, nous nourrir de fruits ; juin, c'est le mois où le primitif a raison contre l'homme au col empesé, la cigale contre la fourmi, le poète contre l'épicier, le chemineau contre le capitaliste...

Béni sera l'arbitre révolutionnaire des élégances qui décidera que la *season* des villes se déroulera désormais en février ou en avril, qui nous délivrera de l'habit noir et nous enverra vers le foin coupé, les blés verts, les coquelicots et les bleuets tranchant sur les taches de soleil du colza, les rivières tièdes et les brochets, premières victimes de la réouverture, vers l'océan où le pêcheur amateur exerce ses ravages dans les bancs émaillés des maquereaux et des anchois ; juin, où l'air des nuits est frais encore, où les gazons ne sont pas roussis, où les fleurs donnent à fond, de toutes leurs forces et de tous leurs parfums.

« Oh ! – s'écrie le pauvre Balzac, peinant sur ses épreuves, par une nuit étouffante, au fond d'une cour sans air – oh ! mener une vie de Mohican, courir sur les rochers, nager en mer, respirer en plein air, le soleil ! J'ai compris les corsaires, les aventuriers, les vies d'opposition : la vie, c'est du courage, de bonnes carabines, l'art de se diriger en pleine mer et la haine de l'homme. » Ce rêve d'une *vie d'opposition* à la société, ce besoin inné que nous avons de déchirer plusieurs fois par jour le contrat social, de nous insurger contre les injustes tabous et les trop justes lois humaines, cette terrible envie qui nous prend parfois d'être des hors-la-loi et de faire crier : amok !, le sport nous permet de les satisfaire sans danger. Aussi devra-t-on le considérer comme la seule révolte possible, durable, fructueuse et universelle de notre époque. Et sans doute le plus grand bienfait de cette révolte neuve sera-t-il d'avoir démodé les révolutions politiques, en attendant qu'il tue la guerre.

Le sport des jeunes

Le dimanche, c'est le jour de Dieu, le jour de la jeunesse ; de toutes les jeunesses et même de la moins heureuse : la jeunesse de France. Tout à son souci de protéger juridiquement l'héritage de l'enfant, notre législateur a oublié l'adolescent ; notre morale l'imite et nos mœurs aussi, qui font de l'homme, jusqu'à sa majorité, un incapable, un honteux, presque un infirme. Pour comprendre la civilisation française, il faut avoir quarante ans, et soixante-dix pour la goûter. Tous les livres de nos voyageurs témoignent de leur surprise, une fois la frontière passée : Taine découvre qu'en Angleterre la jeunesse est reine ; Paul Bourget et Chevrillon le constatent à leur tour aux États-Unis ; on nous l'a montrée nue, brûlée du soleil des camps en U.R.S.S. et en Italie. Dans la vie physique, la France arrive bonne dernière. Quel rôle lui reste-t-il donc à y jouer ? Il lui reste à donner, dans le domaine du sport, le même exemple du désintéressement et la même leçon de liberté qu'elle entend réserver au monde dans le domaine de la politique et des idées. Il lui faut faire des enfants d'autant plus forts qu'ils sont plus rares, des athlètes et non pas seulement des soldats ou des électeurs.

C'est à la génération qui a vraiment souffert de l'ordre ancien, à la nôtre, à pousser ce cri. C'est à nous de dire que tout n'est pas pour le mieux, puisque notre pays n'a pas conquis dans les sports une vraie classe internationale ; là où triomphent la Tchécoslovaquie et la Finlande, notre grand pays offre le triste spectacle d'un éternel débutant ; tandis qu'il y a dix ou quinze ans nous tenions un rang très honorable en rugby, en athlétisme, aujourd'hui on nous laisse sur place. Inutile de jouer *La Marseillaise* à tout propos et de distribuer les croix : Wimbledon est le centre du tennis et non plus Roland-Garros ; nos coureurs universitaires, au lieu d'être notre orgueil national, semblent de pauvres petits bourgeois qui se mesurent au milieu de l'indifférence des professeurs et du public.

Il faut repartir à zéro ; il faut opérer à la base, parmi nos enfants, une rigoureuse sélection physique, il faut aider des entraîneurs intelligents comme il en apparaît çà et là, en boxe ou en cyclisme, et leur confier, non un homme, mais la jeunesse entière ; il faut faire tomber les sarraus noirs des écoliers, les bourgerons des soldats et leur mettre le torse nu ; il faut subventionner les clubs sans préférences politiques ; il faut donner au Midi des leçons d'amateurisme intégral et de politesse sportive et lui faire comprendre que le sport n'est pas la guerre civile ; il faut enseigner au public le plus mal élevé de l'univers le respect des arbitres ; il faut exiger meilleure tenue de nos équipes et de nos *supporters* en déplacement.

Dimanche, jour de la jeunesse ; que les orateurs politiques se taisent, que le bistrot enferme dans son placard ses ignobles apéritifs ; que les cafés-chantants aèrent leur atmosphère empestée ; dimanche, jour des éléments sacrés, de l'eau, du soleil et de l'oxygène, plein du heurt des crosses, du galop des chevaux, de foulée ouverte des coureurs, des coups de sifflets de goal, du choc de la balle sur la raquette, du clapotement des piscines, de l'extension de nos muscles et de la dilatation de nos poumons.

Comprendre la forêt

La promenade bocagère à la belle saison est, comme la pêche à la ligne, une distraction populaire ; les messieurs, eux n'entrent sous le couvert qu'à la Saint-Hubert, et avec tant de galops et de fanfares qu'ils n'ont pas le loisir de se recueillir et d'écouter la vie des bois. Prenons à notre tour ce plaisir de petites gens ; entre deux extrêmes, entre les dimanchards qui n'y laissent que des papiers gras et les poètes qui n'y cherchent que des symboles, il y a la place pour un simple et direct contact avec la forêt ; c'est un devoir pour nous, pour notre génération justement amoureuse de son corps et du corps encore plus vaste de l'univers que d'adorer l'arbre ; les Français ne sont-ils pas avant tout des Celtes, peuple qui par ses sacrifices rituels aux chênes étonnait déjà ses conquérants romains, légistes abstraits, aux dieux sans racines.

Je connais des forêts plus belles, mais aucune n'est plus apprivoisée, plus accueillante que la forêt française ; les arpenteurs royaux l'ont si savamment découpée de chemins en croix, de carrefours et d'allées divergentes qu'elle semble se conformer à l'art des jardins plus qu'à la technique forestière ; vues d'avion, les futaies de Chantilly ressemblent à un parterre plutôt qu'à une sylve. Sauf peut-être Vienne, aucune capitale n'est plus entourée de bois que Paris. A une demi-heure des Champs-Élysées, aux étangs de Hollande, on chasse le cerf, ce qui ne laissera pas d'étonner nos petits-fils. Des hauts taillis de Saint-Cloud, des Fausses-Reposes, des Gonards, le promeneur peut apercevoir la tour Eiffel.

Il faut avoir parcouru l'Amérique aride, sans mystère ni ombre, où Roosevelt essaie maintenant de réparer par le reboisement les excès de hache des anciens défricheurs puritains, il faut avoir traversé l'Asie chauve, il faut avoir bâillé pendant des heures à la monotonie des bouleaux et des sapins d'Europe centrale, pour apprécier les forêts de France. Les feuilles mortes y empilent patiemment l'or des automnes successifs ; les fougères d'un novembre déjà oublié, roussies par le gel, se cassent au pied des fougères neuves qui élèvent jusqu'à nos hanches leurs triangles tendres, au dessin délicat de cristaux sous le microscope. Protégés par leur âge, les baliveaux anciens, les pères nobles, les chênes centenaires au cœur dur voient autour d'eux s'éclaircir la clairière et mourir les jeunes hêtres ou les pins roses ou les châtaigniers vernis, marqués pour la vente, cochés, puis démontés en stères, bois de four à pain, bois de cercueil ; à leurs pieds, les cèpes de printemps élèvent leur coupole de cuir beige ; déjà le muguet n'a plus de fleurs et les ramasseurs doivent en cueillir les dernières clochettes au fond des fourrés épineux où, pour fuir la chaleur et échapper aux mouches, se réfugie le cerf ; dans les mares noirâtres de juillet, l'eau s'est tarie et dans les feuilles pourries les sangliers sont venus se vautrer, comme en une bauge nocturne.

Le motocycliste du dimanche matin est le premier arrivé et les branches craquent comme des os brûlés sous son jeune pas ; devant lui, les écureuils à l'avance ondulée remontent aux enfourchures des arbres, les lapins s'enfuient en zigzag vers la chair dorée de la terre de bruyère, garenne forée de mille trous de terriers ; on étouffe ; le soleil n'arrive plus que çà et là à tacher le sol, tant le feuillage s'est épaissi et l'air est lourd d'une humidité immobile, riche de vie, presque cambodgienne ; les tourterelles azurées ronronnent comme un chat heureux et la poule faisane fait faire à sa progéniture des exercices de vol, loin de l'œil rond des buses qui ne cille point.

Il faut aimer la forêt française ; il faut la protéger contre les marchands de biens, contre le paysan ennemi de l'ombre, contre les incendiaires et surtout contre l'impôt ; le fisc, ce grand ennemi de notre nation, s'acharne là encore plus absurdement qu'ailleurs. Il faut au plus vite, surtout dans le Midi dévastateur, créer des réserves : l'Allemagne en compte deux cents ; les Polonais et les Tchécoslovaques à Tatras et à Bialowieja, les Anglais à Epping et à New Forest, les Américains et les Canadiens savent rendre à la vie sylvestre le culte reconnaissant qui lui est dû.

L'arbre est un régulateur de la vie nationale car, là où il n'y a pas d'arbres, l'eau se perd, la terre s'enfuit et le paysan avec elle. Il faut avoir le fétichisme de l'arbre bienfaisant qui, contrairement à l'homme, contrairement à la littérature (dont, sous forme de pâte à papier, il est le père) avale le mauvais air et exhale l'oxygène. Que nos cinq millions d'hectares incultes soient plantés ; partout, en ce moment, il y a trop de blé et de vigne : il n'y aura jamais trop d'arbres.

Campements

Lorsque l'on passe, à cheval, à la sortie du village, près d'un de ces campements de tziganes qu'en propriétaires essentiellement fonciers les habitants de la commune ont relégué le plus loin possible, défendant leurs frontières par l'écriteau dédaigneux : *Interdit aux nomades*, il arrive que les chevaux, pris de peur, fassent soudain un écart. Est-ce parce que la peau de ces exotiques n'est pas semblable à la nôtre, est-ce parce qu'ils apportent de Hongrie ou de Transylvanie dans leurs hardes multicolores quelque fumet d'ours ? Nos pères réagissaient un peu comme les chevaux : paysans, ils avaient en mépris tout ce qui n'adhérait pas à la terre, bourgeois, tout ce qui n'avait pas pignon sur rue. Je me souviens de nos journées d'excursions – les premières organisées par le Touring-Club – dans le désert d'Ermenonville et de l'étonnement que notre retour provoquait dans les banlieues à gros pavés. Mais ces souvenirs se perdent dans un passé qui nous semble quasi antédiluvien et le scoutisme a créé et popularisé un des sports les plus charmants et les plus sains, le camping.

Qui se souvient de cette page de Jean-Jacques Rousseau dans les *Confessions*, la plus exquise sans doute qu'il ait écrite, où il raconte une nuit passée en plein air. A travers les siècles, par la vertu diabolique et simple de l'art de ce sauvage corrompu, cette nuit-là est venue jusqu'à nous, avec l'odeur de ses herbes, sa fraîcheur, sa clarté obscure. Mais trop souvent ce n'est pas dans tel ou tel coin de France, que je puis dormir à la belle étoile, c'est, au hasard des voyages, dans un temple des environs de Pékin, ou en mer, sur le pont de quelque paquebot, ayant tiré d'une cabine étouffante mon matelas, à la grande indignation (si c'est un paquebot français) du commissaire, qui m'enverra le lendemain une note de service m'interdisant de coucher dehors.

Tout est fascinant dans le campement. D'abord le projet qu'on en fait ; ensuite le matériel qu'on achète et qui, sous couleur de simplifier la vie, la complique en créant mille besoins ignorés jusque-là : lit dont les pieds finissent en boules pour décourager les fourmis d'y grimper, chauffages portatifs, hamacs inédits ; les matières nouvelles permettent des combinaisons audacieuses : des tentes isothermes, avec cloisons pneumatiques, des sacs de couchage doublés en chèvre de Mongolie mousseuse, tiède et légère, inspirés de ceux des officiers de l'armée anglaise qui excitaient l'admiration et le mépris de nos poilus, d'innombrables ustensiles portatifs, depuis la pelle-bêche, la glacière-portefeuille jusqu'à l'armoire de poche. Le confort pliant et léger de tout cela excite l'imagination ; on rêve volontiers de toute une pièce, de toute une maison, de toute une ville qui, immense et fixe pendant la nuit, s'en irait, le jour, sur le dos de ses habitants. Aux gens pour qui les sports les plus naïfs ne sont que prétexte à étalage fastueux, occasion de déguisement, le camping offre des possibilités de ridicule illimitées. Il n'est même pas besoin d'entrer dans son campement pour deviner l'amateur ; de même qu'un vrai voyageur reconnaît à ses belles valises et à sa pharmacie le touriste d'occasion, de même le vrai nomade reconnaît de loin le faux nomade, rien qu'à la façon dont ce dernier a disposé sa tente sur un terrain trop bas, au bord d'un étang, à son nécessaire de pique-nique nickelé et pesant, à l'aspect même de son feu. Peu de gens savent faire un feu, un feu qui n'incendie pas une région entière, un feu qui ne fume pas, un feu qui, peut-être, n'éloignera pas les fauves mais qui donnera de belles braises rouges où l'eau bouillira vite. Savez-vous creuser deux tranchées étroites et parallèles à flanc de talus, les remplir de brindilles, etc., etc. ? Le feu qui pique les yeux me fait toujours penser aux *Mémoires d'outre-tombe* : « J'avais appris chez les Iroquois à braver la fumée... » En réalité, la fumée n'est bonne que s'il y a des moustiques ou, le jour, des mouches qu'il faut éloigner des chevaux.

Que les joies du campement soient faites de beaucoup de disputes et de fatigues, c'est certain, mais n'en est-il pas ainsi de nos plus rares plaisirs ? On a trop ramé ou trop marché tout le jour et, le soir, on s'est mis trop tard à l'ouvrage ; aussi le dîner n'est-il pas cuit ; les tentes, mal arrimées, s'écroulent à la première bourrasque ; il pleut et il faut battre la toile pour qu'elle ne soit pas traversée ; le bois mouillé fait pleurer et le café est clair et tiède. Mais tout vaut mieux, n'est-ce pas, que la honte de coucher dans la voiture ou d'aller chercher du renfort à l'auberge.

Jouons avant tout la règle du jeu, et le jeu du campement, c'est de montrer à la civilisation que l'on peut se passer d'elle ; c'est de montrer qu'on peut vivre avec ce qu'on porte sur son dos ; c'est de se prouver à soi-même que la vraie richesse, c'est un corps exempt de rhumatismes, des yeux perçants et une oreille fine (*scout* ne vient-il pas du vieux français *escouteur* ?). Le campement, c'est le jeu favori des vieux enfants de notre âge infantile, où le fils du châtelain fuit les lambris et le doux lit de ses pères, où l'on veut boire aux sources et remonter au premier degré des sociétés humaines. En 1900, les bals de tête étaient à la mode ; aujourd'hui, le camping est un bal costumé où, la belle saison venue, nos contemporains se déguisent en hommes de Cro-Magnon ou de Néanderthal.

Plaisirs de l'eau

Chaque nage porte sa date : 1900, c'est la brasse, 1905, la coupe du bras supérieur, 1908 le trudgeon, 1914 le trudgeon crawlé, et l'après-guerre, le crawl ; en un quart de siècle, le corps s'est allongé en fuseau, a doublé les moyens de sa propulsion, est monté en surface. La naïve mais efficace progression des Océaniens, ces hommes amphibies, perfectionnée et standardisée par les moniteurs des universités américaines, a conquis le monde et dans toutes les piscines on voit maintenant les nageurs, comme munis à l'avant et à l'arrière de deux moteurs, ricocher au point qu'il faudrait écrire aujourd'hui : nager *sur* et non *dans* l'eau. L'onde est devenue une substance dure sur laquelle se jette le coureur aquatique ; la tête, unique partie du corps qui, jusqu'ici, apparaissait, est désormais la seule à s'immerger. Au lieu de fendre l'océan, puis de s'ouvrir comme s'il s'agissait de l'embrasser, les bras le frappent à toute volée, puis s'y accrochent, en une escalade horizontale, ainsi que le perroquet s'accroche du bec et de la griffe, les pieds l'effleurent et jamais le spectateur ne perd entièrement des yeux les muscles longs et humides du nageur entouré de bulles comme une nébuleuse, qui ne s'enfonce à droite que pour se déjauger à gauche. J'aime cette torsion des reins, le creusement de cette arche lombaire, seul point fixe d'une ligne de flottaison sinueuse ; que j'aime voir ces cuisses serrées où l'arrière-train de l'athlète insubmersible ressemble à la queue d'une sirène !

Le Français lui-même fait la paix avec l'eau ;

il ne regarde plus la mer de la plage, comme Michelet ; il a appris à nager ; fils de la terre, réaliste ami du dense et du solide, paysan et légiste, il s'était refusé, pendant des siècles, à se confier à cet élément incertain de liaison, de compromis, de mystère et de poésie. Aujourd'hui qu'il oublie la terre pour le ciel, qu'il construit des maisons sans pesanteur et qu'il est bien forcé de ne plus croire aux engagements écrits, il accepte de rendre à l'eau un culte neuf. Posé sur la France, promontoire de l'Europe occidentale, comme sur un plongeoir, le Français la découvre avec étonnement entourée d'eau sur trois faces, et il se voit au centre d'un grand amphithéâtre salé qui découpe sur l'horizon ses vagues en gradins. Alors il descend joyeusement dans l'écume et fend sa route jusqu'au large, loin de la terre et des nations, soudain baptisé, lavé, absous.

Sur les rivières

J'ai remonté ou descendu bien des fleuves et des rivières de France, empruntant leurs fluides commodités ou chevauchant leurs houles. Puis, j'ai vu, – ou j'ai cru voir – mieux : le Niger et le Mé-Nam, avec le rugissement des fauves et le concert des moustiques, le Mississipi et les nappes platéennes ; ce sont là des ténors qui ont besoin de l'univers pour public et pour scène, d'un continent ; mais leur monotonie n'est pas moindre que leur renom ; au cours de fastidieuses navigations sous la réverbération du feu méridional, le long du tracé trop mince des rives, que de fois n'ai-je regretté l'âge où je barbotais dans les cours d'eau du Français moyen.

Ces cours d'eau sont aussi des cours de géographie et de navigation ; des cours gradués : pour les débutants, il y a la Seine, la Marne, l'Aisne, la Saône, l'Yonne, la Sarthe ; pour les adolescents, la Loire, l'Eure, la Vienne, la Creuse ; pour les adultes, le Rhône, la Dordogne, l'Ardèche ; enfin pour les forts en thème, l'Aveyron, la Durance, la Haute-Dordogne ou les gaves. Ici l'on rame ou l'on plume, là on pagaye, agenouillé à l'indienne, comme dans les récits des Jésuites d'Amérique. Partout on oublie l'heure, au risque de passer la nuit sans abri, zigzaguant dans les méandres et les chicanes, entre les hauts et les bas-fonds, sous les saules, ou cherchant, pour remonter plus aisément, les contre-courants cachés dans les rives concaves. L'on apprend vite à lire la surface comme une page de sages avis et, sur ses luisants, à distinguer l'irrégularité dangereuse du lit, la menace des roches submergées, la spirale des remous.

Le canoë, quelle conquête de notre époque et comme sont risibles, aujourd'hui, les plats bachots de frêne de notre jeunesse ou la périssoire dont le nom seul faisait frémir nos mères ! Quelle meilleure façon d'aimer la vie sauvage que ces croisières sous les voûtes de verdure, que l'obstacle humide de ces arbres affleurant, à franchir à saute-mouton, que ces passages qu'il faut se frayer à la hachette ? J'ai écrit dans *Le Rhône en hydroglisseur,* qu'à une heure de Lyon on pouvait vivre comme au Mississipi ; cela n'est pas moins vrai des étangs landais, ceux du Nord et ceux du Sud, Léon, Cazaux, Biscarosse, Parentis, Lacanau, Hourtin... ; sans parler des canaux et du plus extraordinaire de tous, le canal du Midi, travail cyclopéen, forteresse aquatique du roi Louis, avec ses écluses comme des portes de ville et ses aqueducs où l'eau est suspendue en plein ciel.

Cet exotisme n'est d'ailleurs pas nécessaire : il y a, plus près de nous, des rivières connues seulement des grenouilles et des pagayeurs ; l'automobiliste pressé les ignore, car il faut être sur l'eau pour découvrir soudain l'autre aspect d'une France invisible de la terre ferme : ces rochers, puis l'obstacle soudain des déversoirs à franchir à pied, ces antiques donjons que la poudre a fait éclater comme le canon d'un vieux fusil, ces eaux maigres, suivies de courants vifs... c'est tout simplement le Loing. A moins que ce ne soit la Seine, de Paris à Rouen, telle encore que l'a connue Maupassant, ramant sans fatigue ses deux cent quarante kilomètres, au grand étonnement des Goncourt.

Que l'érable pâle ou l'acajou doré de l'esquif semble luxueux à la hauteur des noires souches humides, d'où fuient le rat ou la poule d'eau ! Le glou-glou de l'onde en crue sous l'étrave relevée, sous la membrure frégatée, est plus doux à l'oreille du pagayeur que celui du vin à l'oreille de l'ivrogne. Que le triangle de la petite voile blesse les yeux sous le soleil du

Rhône ! Que le dur claquement du ventre de bois courbé retombant sous la vague, que le crissement du sable sous la pirogue accostée sont plaisants... Et les naufrages dans l'eau glacée des neiges fondues, les bagages, que l'on croyait si bien arrimés, descendant à vau-l'eau, le sac de couchage que l'on ne retrouvera qu'au prochain moulin, les pagaies à la dérive, la tente que le courant engloutit, tandis que la popote et le chariot de portage vont par le fond et que la brise emporte vos papiers d'identité et le permis de circuler des Travaux publics, bien plié dans le sac à éponges ! Roulé en travers, le canoë, libéré, pique ou rue, et chaque pierre qui râcle le fait résonner, à moins qu'elle ne déchire la toile du kayac, parmi les rires des Naïades ! Alors c'est l'arrêt des naufragés glissant sur leurs mocassins gras, le linge séchant au soleil, sous les mûriers ou les oliviers de l'Ardèche (vous souvient-il, Chadourne, de nos huit naufrages dans la journée entre Ruoms et Pont-Aubenas, et de ce gouffre d'où je ne remontai qu'assez lentement ?) ; c'est la voie d'eau bouchée avec le cèdre flexible d'une boîte à cigares, ce sont les pagaies blessées, renforcées d'une attelle, ce sont les fissures et les gerces calfatées de gomme laque, comme un pneu crevé, à moins que le mal se révèle sans espoir et qu'il faille revenir, penauds, le canoë sur le toit de l'auto, la quille au ciel, et dire adieu aux rivières de France avant la fin des vacances...

L'avion

Quelle place tiendra-t-il dans notre repos ?

Un critique de mes amis croit bien faire en me mettant en garde contre le ridicule qu'il y a à chanter un nouveau mode de locomotion. Mais le bateau à vapeur, la locomotive ne différaient du bateau à voile, de la diligence que par la vitesse, ils accéléraient sans la renouveler notre vision de la terre ; l'avion, au contraire, ne se contente pas de bouleverser le rythme de notre vie : il modifie encore notre morale. Il est pour nous un moyen neuf de mieux approcher les vérités essentielles. L'avion modifie aussi notre esthétique : du haut des airs, les champs se construisent en marqueterie, et les toits redonnent aux tapis ou aux pavements une valeur artistique perdue depuis des siècles ; le paysage redevient géométrique. Le raccourci, la perspective, les ombres, qui empoisonnent l'art depuis la Renaissance italienne, rentrent au néant.

Le vice de tout comprendre, d'apercevoir la complexité des choses, qui rend les vieillards incapables d'action, l'amour du détail, du petit, où se perdait notre temps talmudique et féminin, est aboli et, grâce à la vie aérienne, nous reviendrons aux grandes synthèses de pensée et d'art des hautes époques. La machine, en effet, a ses styles comme les meubles ; on peut parler d'un baroque du chemin de fer, d'un flamboyant de l'automobile : l'avion seul est de haute époque. Simplicité des lignes, audace et instabilité des formes, originalité des conceptions et moyens bornés de l'exécution, il promène au-dessus de nos têtes son génie primitif.

L'avion survole notre monde économique et ses frontières à l'heure même où les murs douaniers s'exhaussent jusqu'à l'impossible : mais quoi qu'ils fassent, ils ne pourront jamais s'élever jusqu'à dix mille mètres. Un douanier, c'est en tous lieux bien ridicule ; avez-vous regardé un douanier, un poste douanier, un de ces fortins des contributions indirectes, installés comme ils le sont généralement près des aérogares, en pleine campagne ? C'est tout à fait comique. Quelle impuissance que celle de ce petit fonctionnaire galonné devant le grand oiseau de métal ! Je viens de traverser l'Europe, de Salonique à Paris, en quinze heures : j'ai dû faire au préalable viser sept fois mon passeport ! Chaque visa, parce que l'avion se posait dix minutes sur un sol étranger pour y faire de l'essence ! (De sorte que les heures difficilement gagnées en plein vol, on les reperdait dans les salles d'attente des consulats.) Et s'il n'y avait que le visa ! Mais pendant ces dix minutes d'arrêt, des armées d'employés du fisc, de délégués du ministère des Finances des divers pays se jetaient sur nous en criant : « Valutâ ! valutâ ! » « Change ! change ! » et prospectaient les poches des voyageurs de peur qu'ils n'emportassent dans un autre pays l'or national. Pendant ce temps, le grand avion métallique attendait l'heure de s'échapper et de reprendre de l'altitude, au-dessus des hommes, des budgets, des déficits, indifférent à la crise et aux misères de la terre.

L'avion est le grand jouet moderne ; il brasse des foules aussi immenses que le cinéma et, en contemplant dernièrement ces masses humaines frémissantes qui se pressaient sur les places italiennes pour la Journée de l'Aile, je pensais à celles qui encombraient jadis les sanctuaires d'Olympie et de Delphes.

L'avion prend possession du ciel, seul paysage immuable ; car les paysages de la terre sont presque aussi souvent bouleversés que la vie des hommes ou que les œuvres d'art. La statuaire grecque a pratiquement disparu (que sont les quelques statues de nos musées auprès des milliers de divinités que sculpta l'Antiquité ?) ; les îles Égéennes, jadis boisées et murmurantes de sources, ne sont plus que des cailloux : seul, de toute l'Antiquité classique, l'air grec reste aujourd'hui comme l'œuvre d'art définitive, avec sa couleur et sa transparence. L'art grec, c'est l'air grec, comme l'art des Incas, des Mayas, des Aztèques, c'est l'air indien.

Certes l'homme s'adaptera un jour à ces forces brutales ; nos descendants, vivant dans l'amitié de la foudre, riront de nos infimes vitesses ; mais pour le moment ces jouets neufs sont encore pour nous pleins de surprise ; ils nous transforment et nous grandissent ; le spectacle merveilleux de ces maîtres de l'air dont aucun ne connaît, pendant quelques heures, la bêtise, l'inertie ou la peur, nous arrachent au resquillage et à la combine où Paris vit, là-bas, sous ses fumées rousses ; une épreuve comme ces raids doit rendre désormais impossible la mortelle lenteur, lenteur de nos lois par rapport aux mœurs, lenteur du pays légal par rapport au pays réel, lenteur voluptueuse des partis d'ordre sous les coups droits de la révolution. Sera-ce cette fée nouvelle, la vitesse, qui va administrer à la France la purge dont elle a besoin ?

V

La vie intérieure, maîtresse de notre vrai repos

Et pourtant le vrai repos de l'homme n'est pas une agitation qui ressemble vite à des travaux forcés. Avons-nous su assez le trouver en nous ? Nous l'avons cherché dans un anéantissement du temps, dans un rythme saccadé. Est-ce la paix ?

Ne la découvrirons-nous pas plutôt dans cette retraite intérieure, dans ce loisir qui sont, comme a dit Bonnard, « la permission d'être soi-même » ?

Personne ne supporte plus la solitude, ni le sur-place. Le sur-place nous donne un échauffement dont la vitesse est la purge. Si, comme écrit Buffon, « la vitesse d'un animal n'est que l'effet de sa force employée contre sa pesanteur », il semble que toutes les forces des hommes soient aujourd'hui employées à vaincre ce fardeau. Pourquoi ? – C'est un des aspects de cette peur de mourir, erreur matérialiste du monde occidental, par quoi, peut-être, il périra.

Tandis que les médecins veulent allonger la vie, les hommes veulent l'élargir en y faisant tenir de plus en plus de choses : vivre vite, c'est duper le sort, c'est vivre plusieurs fois ; les gens réagissent ainsi : puisque la mort c'est l'immobilité, le mouvement c'est la vie ; d'où beaucoup concluent que la grande vitesse, c'est la grande vie. « Les vacances de jadis, m'écrivait une amie, rappelez-vous ces départs à la campagne, avec de lourds ballots de linge, des caisses d'argenterie..., avec tout le personnel que Madame de Sévigné, quand elle se rendait aux Rochers, appelait son “ infanterie ” ! Aujourd'hui, grâce à ma petite voiture : un mois à la mer, un mois en Ile-de-France, un mois dans le Midi, un mois en Italie ; j'ai quatre vacances au lieu d'une. » Oui, à l'heure actuelle, nous vivons quatre fois plus qu'il y a un siècle ; mais peut-être vivons-nous quatre fois moins bien, quatre fois moins fort ; peut-être y a-t-il une dépréciation de la monnaie ? La mobilité est l'instable principe de la vie d'aujourd'hui, qui n'en a guère plus d'autres. Vagabondage spécial à notre époque.

– N'est-ce pas par hâte que nous jetons par-dessus bord, l'un après l'autre, les lents outils du passé, les chevaux, la voile, la cuisine à feu doux, la politesse ? Qui prend encore le temps, dans les grandes villes, de manger, de dormir, d'accompagner à pied les morts au cimetière ? C'est la vitesse qui lézarde et disjoint notre vieux monde ; construit sur des soubassements profonds par de lents architectes, il est livré à d'impétueux mécaniciens qui ne travaillent qu'en surface. La nature, elle, quand elle œuvre bien, œuvre lentement ; il lui faut un jour pour faire une larve, mais vingt ans pour faire un homme ; aussi ne la comprenons-nous plus ; la beauté des germinations et des éclosions, nous n'y sommes plus sensibles que sur l'écran, où elles sont miraculeusement accélérées.

Quelle erreur cependant pour l'homme de croire que la vitesse pure l'enrichit ! Il va en être une des premières victimes. Ce dont il bénéficie aujourd'hui, c'est bien plutôt du contraste entre les différentes allures auxquelles tournent les diverses parties du monde ; mais, comme pour les idées, les pays les plus lents tendent à rejoindre les plus rapides ; demain il n'y aura plus de différence entre Pékin et New

York, Amsterdam et Tahiti ; la vitesse annihile les climats et fausse les anciennes théories du milieu.

La vitesse tue la forme. D'un paysage vu à cinq cents à l'heure, que reste-t-il ? Rien ; les premiers et les seconds plans sont supprimés ; au delà du 300e de seconde, les appareils photographiques eux-mêmes défaillent. Notre oeil ne prend pas plaisir à la trajectoire d'un obus puisqu'il ne la voit plus. Le mouvement ne « déplace pas les lignes », il les anéantit. La terre perd sa variété ; en avion, il n'y a plus, sous nos pieds, de peupliers ou de châtaigniers ; il y a l'Arbre... La vitesse pour les Orientaux, équivaut à la démocratie. La très grande vitesse ressemble au communisme en ce qu'elle tue l'individuel. Elle appelle et exige l'anonymat. Nous parvenons au règne du symbole. La vitesse habitue l'esprit, par la succession infinie des images, à de nouvelles synthèses. Le sociologue s'en réjouira peut-être, mais non l'artiste. L'artiste est un aristocrate, (même quand il croit faire de l'art pour le peuple) il travaille lentement. La vitesse tue la couleur : le gyroscope, quand il tourne au plus vite, *fait du gris !* Regardons la peinture moderne : gris, vert-de-gris,

gris-noir, Braque, Picasso, Juan Gris, Derain, Vlaminck : couleurs de torpilleur, de train blindé, de châssis.

Voici la description pleine d'humour que Jacques-Émile Blanche fait d'un esthète contemporain : « Son peu de patience le rendait extrêmement nerveux et dur dans ses jugements sur tous les ouvrages dont la durée dépassait cinq minutes. Nous sommes trop pressés, me dit-il, pour écouter des discours. Rien ne dure plus. Un ménage est vieux au bout d'un an ; tout est si rapide, comment voulez-vous qu'on écoute une pièce en quatre actes, un opéra, une symphonie de Beethoven ? » L'un des hommes de ma connaissance qui vit le plus rapidement, vraie stylisation poétique de l'industriel moderne, me disait le jour de ses quarante ans : « Maintenant, mon vieux, il peut y avoir des accidents, la révolution, la mort, tout ce qu'on voudra, je m'en fiche ; j'ai tout eu en cinq ans ; désormais, je joue sur le velours ». Nouvelle manière de vaincre le trépas. Cette frénésie de jouir vite est l'indice de notre civilisation.

La vitesse, c'est la jeunesse. Les époques, les pays rapides sont faits pour les jeunes. Les vieux artisans ne sont recherchés qu'aux âges où les métiers sont une tradition. Les épreuves (*tests*) américaines indiquent une décroissance du rendement chez l'ouvrier, après quarante ans, et les dernières statistiques des États-Unis prouvent que les grandes industries standardisées considèrent l'ouvrier de quarante-cinq ans comme « bon tout au plus à balayer l'usine ». L'Amérique est le pays le plus vite du monde ; c'est pourquoi les jeunes y sont si heureux et c'est pourquoi les gens âgés la détestent.

Un écrivain américain a inventé un mot excellent pour définir nos impatients, nos grands anxieux ; il les appelle *time-snobs*, les snobs du Temps. A violenter leur nature, les gens d'outre-Atlantique succombent ; voyez les suicides et les effondrements prématurés pour lesquels leur vocabulaire a tant de termes : *nervous breakdown, mental collapse,* etc. (Quel est ce sauvage couché sur le sable, qui ne mange que des fruits et est condamné à l'absolu silence ? C'est un banquier de New-York qui fait une cure de repos.) Tendus vers l'avenir comme la Pythie, dans leurs transes, cet avenir, ils ne l'imaginent pas, ils l'inventent. Lents de nature, les Anglo-Saxons ont corrigé cette lenteur par la machine. La machine est devenue une image idéale d'eux-mêmes, une bête dont le cœur ne faiblirait jamais et qui serait toujours capable de paroxysme. Il ne s'agit pas toujours, comme on le croit généralement, d'une course au dollar, d'un rush vers l'or : la plupart de ces Américains qui se sont tant hâtés de faire fortune la distribuent dès qu'ils l'ont faite. On commence aujourd'hui à s'apercevoir – et la psychanalyse n'a pas été étrangère à cette découverte – que si un continent tout entier est ainsi victime de la vitesse, c'est qu'il se fuit lui-même et qu'il recherche, plus que l'argent, la vitesse en soi, comme moyen de ne pas penser et d'éviter un certain nombre de douloureux problèmes inconscients et de complexes cachés. Délit de fuite. Souvent, j'ai eu cette impression, là-bas, non pas d'une civilisation en marche vers le progrès, mais en fuite devant des spectres.

J'écrivais un jour à Montherlant qu'il n'y a pas de gloire, de plaisir, qu'obtenus vite. Oubliant peut-être qu'un chapitre d'*Aux fontaines du désir* est intitulé : « Leur sinistre patience », il me reprocha justement de m'exalter sur cette vitesse *en soi*, à laquelle il opposa la qualité. Cette sagesse lui est-elle venue à fréquenter l'Orient lorsqu'il affirme : « Un jour viendra où, par la banalité de la vitesse et la facilité de la surenchère en ce qui la concerne, la lenteur apparaîtra comme le mode le plus naturel pour exprimer une certaine délicatesse » ? Je suis en tous cas entièrement d'accord avec lui, puisqu'un an plus tôt, j'écrivais dans *Bouddha Vivant* : « Le vrai luxe, et que personne ne pense plus à s'offrir, c'est de prendre son temps. » Comme on l'a fait souvent remarquer, les doctrines nouvellement acclimatées chez les Anglo-Saxons, Christian Science, Yoghis ou Vedentas, les idées shinto pour le Japon et même, peut-être, le néo-thomisme pour la France, viennent s'opposer au culte de la vitesse. M. Paul Souday reprenait jadis avec sévérité Mac Orlan pour avoir écrit : « Il n'y a qu'une chose qui compte, la vitesse », et le rabrouait ainsi : « Il ne faut pas prendre les moteurs pour des lanternes. Tout ce matériel est utile aux gens d'affaires... » (M. Souday pourrait ajouter que Mercure qui est à la fois le dieu du commerce et celui de la vitesse, est sans doute l'inventeur de l'arbitrage en Bourse), « mais la pensée, qui importe avant tout, n'exige pas cette accélération. Elle se trouve même assez bien du loisir et d'une sage lenteur. »

Ne vous piquez pas d'une folle vitesse,

enseigne Boileau avant M. Souday.

N'oublions pas que la vitesse affaiblit ; les neurologues nous le répètent. Nous n'avons plus la mesure, nous ne distinguons plus entre aller vite et aller le plus vite possible ; le record est roi. Or, le paroxysme tue. Les voitures à turbo-compresseur ont la vie courte. Ce tout-puissant prestige sportif est absurde, puisque les progrès mécaniques le remettent continuellement en question. Le record est moins une affirmation que la négation de ce qui précède. Il est infini et sans but. cent trois mètres à la seconde sur terre : nous rirons demain de cette lenteur. A voir passer ce bolide, vous allez vous imaginer que rien ne saurait lui résister ? Je demandais cet hiver à notre champion du monde en auto, Chiron, à son retour d'Indianapolis, ce qu'à deux cents à l'heure, il redoutait le plus. « Ce sont, répondit-il, les poches d'air. » La vitesse est devenue chez ces athlètes quelque chose de si précis, de si aigu, qu'un courant d'air risque de les faire tomber, comme elle ferait d'un enfant. L'extrême force rejoint par là l'extrême faiblesse.

On attendait peut-être de moi un éloge de la

vitesse, et voilà que je parais la condamner. Pas absolument. Je ne suis pas comme un critique refusant de reconnaître un apport nouveau ou comme Thiers vouant le télégraphe à n'être « qu'un amusement pour les personnes curieuses de physique » ou affirmant à la tribune que le chemin de fer est sans avenir « parce que les roues glisseront sans avancer jamais ». J'essaie de mesurer la vitesse, de me mesurer avec elle, de la domestiquer. « Téléphone, télégraphe, radio ont rendu possible – jusqu'à en être inquiétant – l'échange rapide des communications, écrit M. Anesaki. Mais qu'avons-nous à nous communiquer ? Des cotes de la Bourse, des résultats de foot-ball, et des histoires de couchage. L'homme résistera-t-il à l'accroissement formidable de puissance dont la science moderne l'a doté ou se détruira-t-il en la maniant ? La science ne saurait répondre à ces questions. Ou bien l'homme sera-t-il assez *spirituel* pour savoir se servir de sa force nouvelle ? » Nous sommes de race équilibrée et, pas plus que les autres monstres, celui-ci ne doit nous faire peur. J'entendais dernièrement une femme d'esprit, au cours d'une représentation de *Don Juan*, dire des personnages de Mozart, cette chose si juste : « Ils vont très vite, mais s'ils voulaient, ils pourraient aller lentement. » Soyons comme eux, maîtres de régler notre allure. Il faut être rapide, mais à condition de porter en soi un contrepoids. Pourquoi, si impatients de toute autorité, accepter sans examen la dernière en date des tyrannies ? Formulons une loi nouvelle de résistance à la vitesse. Pas d'autre pente que notre volonté. « Vérification de l'équilibre par le mouvement », écrit Claudel. La possession des richesses ne désorganise pas l'homme qui sait conserver le sentiment de leur néant. La religion nous a appris cela, et toutes les morales. Le sage s'efforce de ne pas voir les premiers plans immédiats, qui s'enfuient, mais de fixer les yeux sur les lointains, qui sont immobiles.

Le vrai repos vient de nous.

TABLE

TRANSCODÉ ET
ACHEVÉ D'IMPRIMER
EN AVRIL 1996
SUR LES PRESSES DE
L'IMPRIMERIE HÉRISSEY
A ÉVREUX (EURE)

Imprimé en France
Dépôt légal : mai 1996
N° d'imprimeur : 72802
N° d'éditeur : 0289